云南职业教育产教融合、校企合作的理论与实践

YUNNAN ZHIYE JIAOYU CHANJIAO RONGHE XIAOQI HEZUO DE LILUN YU SHIJIAN

李家祥　等著

云南大学出版社
YUNNAN UNIVERSITY PRESS

图书在版编目（CIP）数据

云南职业教育产教融合、校企合作的理论与实践 / 李家祥著. -- 昆明 : 云南大学出版社, 2022
ISBN 978-7-5482-4613-8

Ⅰ. ①云… Ⅱ. ①李… Ⅲ. ①职业教育－产学合作－研究－云南 Ⅳ. ①G719.2

中国版本图书馆CIP数据核字(2022)第147389号

策划编辑：徐　曼
责任编辑：刘娇娇
封面设计：刘　雨

云南职业教育产教融合、校企合作的理论与实践

YUNNAN ZHIYE JIAOYU
CHANJIAO RONGHE XIAOQI HEZUO DE
LILUN YU SHIJIAN

李家祥　等著

出版发行：云南大学出版社
印装：昆明理煋印务有限公司
开本：787mm×1092mm　1/16
印张：12.5
字数：250千字
版次：2022年8月第1版
印次：2022年8月第1次印刷
书号：ISBN 978-7-5482-4613-8
定价：48.00元

社址：云南省昆明市一二一大街182号（云南大学东陆校区英华园内）
邮编：650091
电话：（0871）65033244　65031071
网址：http://www. ynup. com
E-mail：market@ynup. com

前　言

大力发展职业教育，推动职业教育现代化，是国家为实现经济社会快速发展而采取的战略性举措；推进云南职业教育产教融合、校企合作的深入发展，是对国家战略的贯彻落实。本书基于云南职业教育产教融合、校企合作的实际情况展开对策研究，其研究成果可以为深化云南职业教育改革服务，实现职业教育促进经济社会发展的目的，丰富职业教育的理论体系及实践经验，推动云南职业教育的建设与发展。云南职业教育的发展将为区域经济社会的发展提供更多高质量的人力资源，优化云南的人力资源结构，提高云南劳动力的整体素质，为区域经济社会的可持续发展提供人才保障。

本书是院校合作的人文社会科学研究项目的成果。首先，要感谢同济大学作为合作方给予的支持与帮助。本书从课题选取、实地调研与书稿撰写，无不凝聚着同济大学相关人员的心血和汗水。其次，要感谢云南大学为本项目的开展提供了平台。再次，要对参与收集整理资料、编写和修改书稿的所有相关人员致以由衷的谢意。本书能够顺利出版，很大程度上归功于他们的辛勤付出。最后，谨向本书所引文献资料的作者表示最衷心的感谢。

由于我们水平有限，书中疏漏、错误之处在所难免，敬请读者不吝赐教。

目　录

绪 论

党的十九大报告中明确指出：完善职业教育和培训体系，深化产教融合、校企合作。国务院办公厅发布的《关于深化产教融合的若干意见》（国办发〔2017〕95 号），进一步强调要深化职业教育改革，发挥企业重要主体作用，促进人才培养供给侧和产业需求侧结构要素全方位融合，培养大批高素质创新人才和技术技能人才，增强产业核心竞争力。2018 年 3 月，我们申请云南省省院省校教育合作人文社会科学研究项目，以“云南职业教育‘深化产教融合、校企合作’对策研究”为题，对云南省职业教育深化“产教融合、校企合作”展开了研究。

在理论研究和实践调研的基础上，我们总结了云南职业教育产教融合、校企合作的现状，分析了存在的问题及其原因，基于公共管理学治理理论中产教融合、校企合作中的地方政府职能及履职方式，结合产教融合、校企合作的社会环境，产教融合、校企合作的德国模式及我国中东部地区经验，从云南“产教融合、校企合作”中的政策体系、云南“产教融合、校企合作”的实现机制和云南“产教融合、校企合作”的社会环境营造等方面开展了研究，并提供了相应的意见和建议。

第一章 课题的提出

第一节 研究背景

当前，在我国积极促进各项教育深化改革的同时，对职业教育改革的思路也愈发明晰。2014 年 6 月，《关于加快发展现代职业教育的决定》提出，当前我国职业教育改革的重点在于产教的深度融合；《国家中长期教育改革和发展规划纲要》中提到实行工学结合、校企合作、顶岗实习的人才培养模式。国家教育事业“十三五”规划中提出加快发展现代职业教育，按照鼓励竞争、扶优扶强的原则，通过与行业企业合作，集中力量建设一批高水平职业学校。在党的十九大报告中，习近平总书记也再次强调，完善职业教育和培训体系，深化产教融合、校企合作。2019 年 2 月，《国家职业教育改革实施方案》提出，要促进产教融合，校企双元育人，积极推动校企全面加强深度融合。可见，产教融合、校企合作是落实科教兴国和人才强国战略的重要举措。

为贯彻落实国家的政策，云南也制定了相应的政策。《云南省人民政府关于贯彻落实国务院加快发展现代职业教育决定的实施意见》提出，“提升职业教育发展水平要密切产学研合作，深化产教融合。”在《云南省教育事业发展“十三五”规划》中也提到，“深化产教融合、校企合作，促进校企深度合作，建设一批高水平的中高职学校。”云南深化产教融合、校企合作是贯彻落实党的方针政策的要求，必须深化产教融合、校企合作，推动人才培养和企业发展的有效对接。

深化产教融合、校企合作是推动国家经济社会发展的需要。大力发展职业教育，是加快人力资源开发，推进我国新型工业化，解决“三农”问题，促进就业的重大举措。现代职业教育服务于经济社会的发展需要，面向经济社会发展和生产服务一线，它的主要目标是培养受教育者的谋生能力，促进就业。职业教育培养的人力是社会重要的专门劳动力，可直接促进区域的经济增长。

云南多地集边疆、民族和山区于一体，在地理、历史和经济等多因素的影响下，整体经济发展缓慢。云南省 4771 万人口（2016 年）中有 3000 多万人生活在农村，以农业为生，劳动力文化水平和技能水平普遍较低，大部分劳动力只接受过 9 年以下的义务教育，非公有企业职业技术工人和一线操作工人的技能认证率分别只有 24% 和 12% 左右，技能型劳动力缺口较为明显。云南职业教育发展不平衡不充分，云南薄弱的经济基础也无法完全为云南职业教育的发展提供财力支持。为实现经济发展，云南需大力发展职业教育。深化产教融合、校企合作是云南职业教育可持续发展的主要模式，是职业教育深化改革的核心问题，它不仅关系国家各项政策和国家发展计划的贯彻落实，也是解决云南职业教育发展问题，推动云南区域经济发展的主要方法。

深化产教融合、校企合作是推动云南职业教育改革与发展，创新人才培养方式，提升人才质量，并推动云南地方经济社会发展的重要方式与途径，对全面深化改革，推进云南跨越式发展具有十分重要的意义。

第二节　课题研究的意义

职业教育作为一种培养社会所需的技术技能型人才教育，同普通教育相比，具有较强的经济社会价值，发展现代化的职业教育是推动经济社会发展的重要方法。“产教融合”是市场经济中的产业和教育体系中的职业教育相互协同形成的一种全新的产业员工培训和职业教育模式，是解决当前职业教育中产业和教学日益分离问题的主要途径。“校企合作”可以看作是“产教融合”的一个分支概念，是职业院校和企业为达到一个共同目的而相互配合的一种职业教育人才培养的主要模式。职业教育“深化产教融合、校企合作”有助于学校和企业的全方位合作、优势互补、资源共享和互惠共赢，是实现职业教育现代化发展的有效途径。

从云南产教融合的情况来看，职业教育培养的人才总体能适应产业技术技能人才的需求。但是随着产业转型发展的加快，职业院校专业技术技能人才难以满足较快发展的旅游、机械制造、物流等产业的需要，难以适应新材料、先进装备制造、节能环保、现代生物、新能源汽车、电子信息等战略新兴产业的需要。中等职业学校对轻纺食品类、石油化工类、能源与新能源类等技能型人才培养较少。2015 年在校生不到 3000 人，资源环境类和公共管理与服务类等人才培养不到 2000 人，难以适应新兴产业发展对技能型人才的需求。高等专科职业学校的现代生物、新能源、新材料、先进装备制造、电子信息和新一代信息技术、节能环保等专业群的学生较少，难以满足产业转型和产业升级对高端技能型人才的需要。职业院校培养的人才在专业对口和水平层次方面，多数相同专业的岗位存在供大于求的矛盾，学历层次上对中专人才的需求较大，技术技能上对初级技能型人才需求较大，应该在办学过程中逐步解决人才供需的结构性矛盾。

在校企合作方面，由于各地政府、行业企业、学校的条件和认识不同，形成了现有多样化的合作方式。总体上，目前企业主要是向学生提供实习机会、实习基地以及为教师提供实践机会，企业得到的主要是优质毕业生资源，企业注重的是毕业生的专业技能水平、专业基础知识、职业道德素养和吃苦耐劳精神；企业担忧的是学生的实习安全和实习期间的管理。教师到企业锻炼，获益最大的方面是能改进教学并提高自身的技能水平；学生希望得到更多的实践课程和教学活动锻炼。通过深入了解云南职业教育产教融合、校企合作的现状，我们发现云南职业教育在深化产教融合、校企合作的过程中仍面临着一些问题，致使云南职业教育在深化产教融合、校企合作方面未能达到预期效果，所以需对云南职业教育深化产教融合、校企合作的现存问题展开对策研究。

深化产教融合、校企合作是云南贯彻落实科教兴国和人才强国战略的举措。国外的一些研究成果已经证明，职业教育的经济效益高于普通教育。欧洲和美、日、俄等国家最近几十年都将完善现代职业教育体系作为发展实体经济的战略选择。因此为推动云南经济的发展，需大力发展职业教育。

深化产教融合、校企合作是实现云南职业教育内涵建设的方法途径。由于云南地处边疆，经济社会发展程度较全国平均水平偏低，人口文化程度较全国平均水平偏低，劳动力文化水平和技能水平普遍较低。因此，在全面深化改革，推进云南跨越式发展的当下，深入推进职业教育的产教融合、校企合作具有十分重要的意义。本课题将基于理论与实证的研究路径，通过研究，为推动深化产教融合、校企合作的改革提供必要的建议与参考。

第三节　课题核心概念的界定

准确界定概念既是研究的重要前提之一，也是研究问题和解决问题的逻辑起点。正如德国著名教育学者沃尔夫冈·布列钦卡所说："应该应用概念而对现象进行尽可能全面和尽可能准确的描述。同时，还应该通过概念的应用而尽可能地提出具有普遍意义的法则性假设。"[①] 本课题主要基于"职业教育""产教融合""校企合作"等核心概念，设计研究框架。校企合作是研究对象，有效性是问题的焦点，公共政策理论、教育与劳动生产相结合理论、供给与需求等理论是我们研究的理论基础。因此，澄清核心概念、框定研究对象与研究范围是对职业教育校企合作有效性进行深入研究的前提和基础。

一、职业教育

职业教育（vocational education），既是我国现代教育体系中的重要组成部分之一，也是与经济社会发展联系最紧密的教育类型，是指"对受教育者实施可从事某种职业或生产劳动所需要的职业知识、技能和职业道德的教育。"[②]《中国大百科全书·教育》中对职业教育有一个简明而经典的定义："职业教育是给予学生从事某种职业或生产劳动所必需的知识和技能的教育。"[③] 在此基础上，可以进一步做如下分析。首先，职业教育是与生产直接相关的，尤其是在现代大生产过程中受到了高度重视的教育类型；其次，职业教育与科技发展、职业分工对从业者素质的要求密不可分；再次，教育的发展既促进了教育的普及化、高阶化，也引发了教育的分化，职业教育就是教育在分化过程中社会服务功能扩大的必然结果；最后，职业教育本身要扮演好自己的角色，培养生产一线的应用型实用人

① 李蔺田，王萍．中国职业技术教育史［M］．北京：高等教育出版社，1994.
② 李向东，卢双盈．职业教育学新编［M］．北京：高等教育出版社，2009.
③ 胡乔木．中国大百科全书·教育［M］．北京：中国大百科全书出版社，1993.

才。所谓的实用人才是指受过职业教育，能在职业活动中立即发挥作用，马上进入熟练工作状态的人。综合前述认识，本书把职业教育作如下定义：职业教育是为适应经济社会发展的需要和个人就业的要求，对受过一定教育的人进行职业素养特别是职业能力培养和训练，为其提供从事某种职业所必需的实践经验，并能迅速适应职业岗位需要的一种教育。当前，我国的职业教育包括职业学校教育和职业教育培训，而职业学校教育又分为初等、中等和高等三个层次。本书主要讨论的是中等职业教育和高等职业教育。

二、产教融合

产，即产业；教，就是教育。产教融合（industry-education integration）是指“职业学校根据所设专业，积极开办专业产业，把产业与教学密切结合，互相支持，互相促进，把学校办成集人才培养，科学研究，科技服务为一体的产业性经营实体，形成学校与企业浑然一体的办学模式。”① 职业学校的教学同行业、企业及经济产业的全程深度融合发展是职业教育核心理念——产教融合的实质，这种理念能够有效地实现工学结合、校企结合、职业与教育结合，使高职院校与行业企业实现真正的合作与双赢，使产教形成健康的互动，其产生的良好效果反映在社会效益和自身的教学效果上。在社会效益上能够提高企业与职业院校共同开发技术的积极性，及时将成果转化成经济效益，进而促进企业的产业转型与升级、技术改良和当地社会经济的发展。

产教融合的内涵包括五个方面：一是设置专业时，要注意与企业的实际需求对接，要做到及时优化专业的设置，要把专业的设置能够随产业企业的发展而发展，要使专业设置的重点放在行业企业急需的人才能力的培养上；二是在选择课程内容上，要与现行的职业行业标准能够有效对接，建立一个行业企业的标准，课程能够随着改革动态调整，进而推动教学改革，使专业的课程内容以及结构能够适应职业标准和科技发展水平；三是在开展教学的过程中，要与生产实际过程对接，从而建立一个合理的能够令人满意的尤其是能够使学生快速踏入社会的技能型人才的培养计划，这就需要不再按照传统的学科体系编排课程，而是要按实

① 王继平．奋力办好新时代职业教育和继续教育［N］．中国教育报，2017－12－01.

际的生产程序和工艺来安排课程；四是所学专业的毕业证书要与相应的资格证书对接，即在教学的过程中吸收一些行业企业的技术规范，从而使得职业学校的学生获得证书，在踏入社会参加工作的时候就已经具备了一定的工作能力；五是在学校教育阶段增强学生的职业学习能动性，实现与终身教育对接，将高职教育的发展道路变得更加开阔，使学生在就业后也能够找到继续学习的方法，能够在不同的职业发展阶段随时接受进一步的职业培训和教育，满足不同的需求。

三、校企合作

校企合作（school-enterprise cooperation），是指“学校和企业建立的一种合作模式，适应社会与市场需要，注重在校学习与企业实践，有针对性地为企业培养人才，做到学校与企业信息、资源共享”①。早在2005年，《国务院关于大力发展职业教育的决定》中就明确指出，坚持以服务为宗旨，以就业为导向，根据市场和社会需要进一步深化职业教育改革，大力发展职业教育，建设有中国特色的现代职业教育体系。院校和企业要共同参与、管理、执行双方的合作。主要是因为两个互为独立组织的合作是建立在社会分工精细化不断提高、现代化生产和科学技术水平不断提升的基础上；校企合作不仅要遵循教育的客观发展规律，还要遵循市场经济的发展规律，院校和企业相互补强。校企合作也是一种双方积极参与的活动，企业需要高素质的人才队伍，学生需要实际工作的平台和环境。并且校企合作的领域是很宽广的，形式是多样化的，机制也是灵活的。校企合作是将政府、社会、企业和教育形成一个整体的过程，相互补充，共同进步。校企合作是促进学校教育与生产实际紧密结合的必由之路，也是实现学校、企业、学生“三赢”的最佳选择。

---

① 孙伟宏．探索校企合作模式　培养优秀技能人才［J］．教育发展研究，2006（07）：23－25.

第四节　课题研究的理论依据

一、公共政策理论

公共政策是国家为实现自己在一定历史时期的政治目标而规定的一系列方针、路线、规章制度、行为规范和行动指南，其实质是指国家发展的方向、民族振兴的途径，规定了政府机构的行为准则、社会成员的利益分配。政策科学的创立者哈罗德·拉斯韦尔（Harold D. Lasswell）和亚伯拉罕·卡普兰（A. Kaplan）认为，公共政策是“一种含有目标、价值与策略的大型计划”①。在公共政策理论中，“价值取向”是一个核心因素，是研究的出发点和落脚点。

公共政策的价值取向是指，“对政策系统行为的选择，即对社会资源的提取和分配以及对行为管制的选择。价值取向在公共政策体系中对目标的确立、方案的选择、价值的判断方面，起着至关重要的导向作用。”② 2014 年 6 月，《关于加快发展现代职业教育的决定》颁布，提出当前我国职业教育改革的重点在于产教的深度融合。在《云南省教育事业发展“十三五”规划》中也提到“深化产教融合、校企合作，促进校企深度合作，建设一批高水平的中高职学校。”可见，产教融合、校企合作是落实科教兴国和人才强国战略的重要举措。

二、教育与劳动生产相结合理论

马克思在《1844 年经济学哲学手稿》中指出，“动物的生产是片面的，而人的生产是全面的”，人类基于自身的社会规定性，从事两种类型的生产活动，即“生活资料生产”和“人类自身生产”。恩格斯又进一步将人类自身生产的内涵归纳为“种的繁衍”“人的智力的培育与再生产”“人的社会关系的建立和再生

---

① 汪大海. 现代公共政策学［M］. 北京：清华大学出版社，2012.
② 何东平. 试论公共决策科学化［J］. 湖北社会科学，2004（07）：18－19.

产”和“人类自身的生产必须而且能够加以控制”①。教育作为一项有目的的人类活动，归于“人类自身生产”中的“人的智力的培育与再生产”的范畴。按照马克思主义两种生产理论，职业教育作为教育范畴有着一般教育所共有的“人的智力的培育与再生产”功能。除此之外，它的重要功能是通过提高劳动力素质直接地服务于第一种生产即“生活资料生产”；并且在第二种生产即“人类自身生产”中，不仅服务于“人的智力的培育与再生产”，而且在“人的社会关系的建立和再生产”中发挥重要作用——人类劳动生产不是个体的离群索居的孤独活动，而是“许多个人的合作”。职业教育是要建立这种人与人合作的职业关系。可见，职教育超越了一般教育的主要社会功能，跨越了两种生产范畴，为人类特有的、全面的生产服务，既有教育的属性和作用，又有支持生活资料生产和社会关系生产的独特作用。职业教育横跨“产”“教”二界，必须通过产教融合才能实现职业教育发展的目标，也就是说产教融合是职业教育的内在要求。职业教育产教融合是符合马克思主义基本观点的。

三、供给与需求理论

供给和需求是经济学家最常用的两个词，是使市场经济运行的力量，它们决定了每种物品的产量以及出售的价格。如果想知道一项事件或一项政策将如何影响经济，那就得先了解供给与需求理论。

需求是指消费者在一定的时期内，在各种可能的价格水平下，愿意而且能够购买的商品的数量。影响需求数量的因素有多种，其中最主要的因素有：某种商品的价格、消费者的收入水平、相关商品的价格、消费者的偏好、消费者对商品价格的预期。

供给是指在一定的时期内，在既定的价格水平下，生产者愿意并且能够生产的商品数量。在其他条件不变的情况下，某种商品的供给量与价格之间呈同方向的波动。需求、供给之间客观存在的关系，称为供求法则。它决定了价格形成和市场运行的机制。这一理论同样适用于促进职业教育的深化发展。为更深入地探究云南职业教育的产教融合、校企合作，本书对云南职业院校的供给、需求及院

① 马克思，恩格斯．马克思恩格斯全集：第三卷［M］．北京：人民出版社，2000.

校的供需融合进行分析，同时对企业的供给、企业的需求及企业的供需融合进行深入探析，为云南职业教育产教融合的可行性奠定坚实基础。

四、协同治理理论

协同治理理论是一种新兴的交叉理论，它的两个理论基础是自然科学的协同论和社会科学的治理理论。协同治理，简单来讲，就是在开放系统中寻找有效治理结构的过程。协同治理理论就是在开放系统中有效治理结构形成的理论，它可作为决策制定过程的依据。克里斯·安塞尔和艾莉森·加什将协同治理理解为，“为了制定与执行公共政策或管理公共项目与财产，一个或多个公共机构连同非政府利益相关者直接参与制定正式的、目标一致的、审慎的共同决策过程”①。协同治理旨在为某个特定议程制定可行的决策，这一决策过程具有开放性。换一个角度看，协同治理理论就是用协同论的知识基础和方法论来重新检视治理理论。因此，基于协同治理理论转变政府职能，对促进云南职业教育深化发展，完善产教融合、校企合作模式有着重要的参考价值。

本书在对云南和我国东部地区的职业教育数量和质量以及政策执行状况进行全面比较的基础上，立足云南职业教育实际，借鉴国外及我国东部地区职业教育成功经验，力图构建云南职业教育“深化产教融合、校企合作”的模式，为推进云南职业教育改革与发展提供必要的思维框架与政策建议。

第五节　课题研究的方法

一、文献资料法

从云南省政府部门和部分职业学院收集历年来校企合作相关工作报告以及有关调研材料，同时从云南省图书馆以及网上收集相关文献资料，了解国内外在校

① 陈蕴琦，徐雨森．企业大学组织资本组合与功能体系的协同演化——华为大学和华润大学的纵向案例分析[J]．技术经济，2018，37（04）：12－20.

企合作方面的发展情况，为撰写本书提供背景材料。

二、实地研究法

在本课题的研究过程中，对云南省企业开展实地抽样调研，并到我国东部发达地区及德国职业院校交流学习，了解企业以及职业院校对校企合作具体成效的期望，为促进云南职业教育产教融合、校企合作对策的提出奠定现实基础。

三、比较研究法

对国内外职业院校在校企合作中的政策、做法进行归纳、分析、对比和总结，借鉴其中的成功经验，联系云南省的实际情况，提出有效的对策建议。

第二章　云南职业教育“产教融合、校企合作”的实践

第一节　云南职业教育发展的基本状况

一、中等职业学校数量继续减少，高职高专学校数量有所增加

2018 年，云南中等职业学校（普通中专学校、职业高中及技工学校）共 280 所，比 2012 年减少 25 所。其中，职业高中减少 21 所，中专学校减少 1 所。云南高职高专学校有 47 所，比 2012 年增加 10 所。中等职业学校数量减少的主要原因是学校所在区域人口过少，产业发展需求不足，办学质量低，学生规模小，中等职业院校在一定区域进行了合并和调整，还有部分中专学校升格为高职高专院校。2014—2018 年云南职业教育学校数量如表 2－1 所示。

表 2－1　2014—2018 年云南职业教育学校数量

单位：所

职业教育学校	2014 年	2015 年	2016	2017 年	2018 年
中职院校	292	285	281	284	280
高职高专院校	37	38	41	45	47

数据来源：2014—2018 年云南省教育事业统计摘要。

二、职业教育在校生人数

从 2014 年到 2018 年，中等职业院校的在校生人数增加了 60993 人；同期，高等职业院校的在校生人数增加了 133893 人。从职业教育在校生数量上看，总

体在不断地增加，主要是因为职业院校数量增多，规模不断扩大。2014—2018 年云南职业教育在校生人数如表 2－2 所示。

表 2－2　2014—2018 年云南职业教育在校生人数

单位：人

职业教育在校生	2014 年	2015 年	2016 年	2017 年	2018 年
高职在校生	197833	228621	255335	292005	331726
中职在校生	589107	597891	618408	641800	650100

数据来源：2014—2018 年云南省教育事业统计摘要。

三、基础设施建设水平不断提高

2018 年云南省中等职业学校（不含技工学校）占地面积 1691. 26 万平方米；高职高专院校占地面积 1445. 94 万平方米。

2018 年中等职业院校校舍建筑面积 626. 20 万平方米；高职高专院校校舍总建筑面积（含正在建设施工、非产权独立使用）791. 99 万平方米。2015—2018 年云南职业教育院校校舍建设面积如表 2－3 所示。

表 2－3　2015—2018 年云南职业教育院校校舍建筑面积

单位：万平方米

职业教育院校校舍建筑面积	2015 年	2016 年	2017 年	2018 年
高职校舍建筑面积	678. 47	678. 62	729. 90	791. 99
中职校舍建筑面积	585. 47	596. 83	616. 96	626. 20

数据来源：2015—2018 年云南省教育事业统计摘要。

从 2015 年到 2018 年，中等职业教育教学仪器设备总值增加了 75174. 42 万元，高等职业教育教学仪器设备同期增加了 64923. 55 万元。2015—2018 年云南职业教育教学仪器设备总值如表 2－4 所示。

表 2-4 2015—2018 年云南职业教育教学仪器设备

单位：万元

职业教育教学仪器设备总值	2015 年	2016 年	2017 年	2018 年
高职教学仪器设备总值	142432.58	160798.00	189501.34	207356.13
中职教学仪器设备总值	135622.68	160743.83	183751.05	210797.10

数据来源：2015—2018 年云南省教育事业统计摘要。

四、更加重视师资队伍力量建设

2018 年，云南高等职业院校双师教师与专任教师比达到 50.01%，生师比达到 15.7%，已符合教育部的规定（高职院校的师资合格师生比为 18%）①。中等职业学校专任教师 20898 人，“双师型”专任教师比例达 41.28%，有 71 所学校“双师型”教师比例低于 30%、占 33.81%，13 所中职学校“双师型”教师为 0；生师比为 24.18:1；有 64 所学校生师比高于 20:1，占 30.48%；有 26 所学校生师比超过 30:1②。2016—2018 年云南职业教育院校生师比如表 2-5 所示。

表 2-5 2016—2018 年云南职业教育院校生师比

单位:%

职业教育院校生师比	2016 年	2017 年	2018 年
中职生师比	24.00	23.11	24.29
高职生师比	15.13	14.92	15.70

数据来源：2016—2018 年云南省教育事业统计摘要。

五、专业布局情况

2018 年，云南省高职院校共开设 1080 个专业，位列全国第一③；中职院校

① 2019 中国高等职业教育质量年度报告.
② 云南省中等职业教育 2018 年度质量报告.
③ 2019 中国高等职业教育质量年度报告.

开设专业158个，布点数为1516个，涵盖教育部《中等职业学校专业目录》中所有19个专业大类，其中80%以上的专业契合云南省重大产业发展需要。云南省对中职专业布局进行了优化，新增布点专业134个，撤销布点专业48个①。

六、学生发展情况

全省职业院校学生对课程设置、生活学习、校园安全、社团活动的满意度较高，均达到90%以上。2018年，云南省在全国高职院校技能大赛（常规赛项）中获奖42个，在职业院校技能大赛的职业教学能力比赛中获奖6个②；中职院校在全国职业院校技能大赛中获奖27个，其中一等奖1个，三等奖26个③。

七、财政状况

从云南省教育厅2018年部门整体支出绩效自评报告中的数据来看，和普通教育相比，云南省教育部门对职业教育的投入较少。2018年云南省教育厅项目支出中普通教育为819,069.06万元，占教育支出的79.7%；而职业教育为186,464.78万元，占教育支出的18.14%。对于要承担大量学生实习实训、建设学生实习实训基地的职业教育院校来说，资金仍处于短缺状态④。

八、就业状况

2018年，大理农林职业技术学院就业率为99.64%，云南司法警官职业学院就业率为98.92%，昆明冶金高等专科学校就业率为97.7%，德宏职业学院就业率为98.82%，云南经贸外事职业学院就业率为98.02%，云南三鑫职业技术学院就业率为98.15%⑤。由此可见，高职院校毕业学生就业率达到96%以上；中职院校学生就业率和对口率分别为96.29%和76.65%，较上年提高4.03个百分

---

① 云南省中等职业教育2018年度质量报告.

② 2019年各高职院校教育年度质量报告.

③ 云南省中等职业教育2018年度质量报告.

④ 云南省教育厅网：https://jyt.yn.gov.cn/web/c64c6ec1c13c465ca16e6f7f46278a4e/cb674379146a4baa9c7a0803e76d3a8f.html.

⑤ 2019年各高职院校教育年度质量报告.

点和6.97个百分点。学生初次就业平均月收入为2291元/月，较上年增加128.2元/月；创业率为7.17%，与上年持平①。

九、学生实习

从规范实习管理、保障实习实训方面来看，云南省坚持把学生实习摆在学校教育教学的核心地位，要求各职业学校设立专门的工作机构，配备专门的管理人员，制定管理制度，明确责任主体，确保学校实习工作健康、安全和有序开展。2018年，云南省教育部门及行政部门为满足学生实习需要，建设了8家国家现代学徒制单位，19家省级现代学徒制单位。

第二节　云南职业教育“产教融合、校企合作”的融合方式

一、云南职业教育“产教融合、校企合作”发展的构成要素

我们依据职业教育办学模式构成要素②，对政府推动云南职业教育产教融合方式、校企合作类型的构成要素进行分析与归纳③。详见表2-6。

表2-6　政府推动云南职业教育产教融合、校企合作发展的构成要素

序号	名称	内容
1	基本要素	政府、职业院校、企业实现共赢
2	运行要素	课程体系设计
3	环境要素	情景实训

① 云南省中等职业教育2018年度质量报告.

② 唐林伟.职业教育办学模式论纲[J].河北师范大学学报（教育科学版），2010，12(05)：96-100.

③ 王晓莉.高等职业院校校企合作模式研究[D].南昌：南昌大学，2018.

续　表

序号	名称	内容
4	保障要素	人、财、物、政策法规
5	发展要素	政府、职业院校、企业共同合作

（一）基本要素

产教融合、校企合作办学的实质是政府、企业及职业院校实现资源共享、协同育人及实现共赢，也是市场经济的发展需要。校企合作模式的开展，对职业院校而言，可提高学生的培养质量及就业率；对企业而言，可提高生产效益及保证员工的数量及质量；对政府而言，可促进经济的发展，维护社会的稳定。为此，促进多方主体共赢是产教融合、校企合作的基本要素。

（二）运行要素

职业院校与企业进行合作，要确立以职业能力为中心的课程体系。企业的参与使职业院校在进行教学时，能够及时收到行业发展和技术更新的信息。职业院校根据此信息可及时调整及更新教材内容，使职业院校的人才供应与企业需求连接较为紧密。为此，课程体系设计是产教融合、校企合作的关键。

（三）环境要素

职业教育自始至今就带有职业性的特点，情景因素在教学中尤为重要。企业和职业院校可以共建校内、校外实训基地，也可运用现代仿真技术开展实训教育。这种教学环境有利于学生获得现场感受，便于提高学生的职业意识及职业能力。

（四）保障要素

职业院校和企业无论进行什么样的合作模式，其运行都离不开教育经费、设备、人员及政策法规的有效用运、合作和实施。

（五）发展要素

产教融合、校企合作涉及的主体主要有政府、职业院校及企业三方，三者应共同合作，实现权、责、利的有效匹配，建立有效运行的发展机制。不同职业院校所处的地理位置、文化和制度环境有差异，为此，要增强参与主体间的沟通与交流，有效促进产教融合、校企合作的开展。

二、云南职业教育“产教融合、校企合作”的类型

依据政府推动职业教育产教融合、校企合作的5个构成要素，将职业教育的产教融合模式划分为合作式、共生式、内源式、嵌入式、研发式；将校企合作类型分为订单培养、顶岗实习、集团办学、实训基地、职教园区、校办厂、厂办校、校中厂、厂中校、专家指导委员会，如表2－7所示。

表2－7　产教融合、校企合作的类型

融合方式	合作类型	参与主体	案例分析
合作式融合	订单培养、顶岗实习	学校、企业行业	云南农业职业技术学院 玉溪农业职业技术学院
共生式融合	集团办学、共建实训基地、职教园区	学校、企业行业、政府	云南交通职业教育集团、 德宏职业学院、 嵩明职教园区
内源式融合	校办厂、厂办校	学校、企业行业	昆明工业职业技术学院和昆明钢铁集团公司、宁洱哈尼族彝族自治县职业高级中学
嵌入式融合	校中厂、厂中校	学校、企业行业	云南机电职业技术学院
研发式融合	专家指导委员会	学校、企业行业	云南互联网人才孵化中心

（一）合作式融合

合作式融合是指教学计划、教学目标、培养方案制定和教学质量考核等工作，由企业和学校共同完成。主要涉及两个要素：职业院校和企业。

云南职业教育产教融合、校企合作的发展过程中，合作式融合是最常见的形式，如订单培养和顶岗实习的合作形式，以云南农业职业技术学院和玉溪农业职业技术学院为代表。

云南云秀花卉有限公司与云南农业职业技术学院采用订单式培养，校企双方本着合作办学、合作育人、合作发展、合作就业的职业教育理念和目标，学院对

学生实习的企业进行深入了解，与企业签订合作协议，在订单培养上实行长短结合、培养与培训结合，满足企业需求；玉溪农业职业技术学院与云南省烟草公司玉溪市公司进行合作，采用顶岗实习的模式，建立“课程跟着节令走，课堂搬到田间去”、“田间是课堂，师傅是老师，工人是学生”的立体化教学模式，实现了“专业内容全程化、实习方式多样化、实习基地稳定化、核心技术循环化、培养人才综合化”的体系，融校内教学实践、企业真实工作环境、顶岗实习为一体，构建了“三阶段、三结合、四提高”的工学结合教学模式。云南职业教育产教融合、校企合作的合作方式可以将学校培养的学生送去企业进行实习，学生的身份就是员工，同企业的员工拥有相同的权利和义务。这种方式的培养在一定阶段可以丰富企业的劳动力资源，企业的生产效率也会提高。但是，学生的水平和能力毕竟还是有限的，会给企业的人力、物力、财力带来一定的挑战。

（二）共生式融合

学校、企业之间只有选择互惠共生模式，合作才能实现双赢和多赢，综合各自的利益需求，全面深度合作，形成“优势互补、资源共享、互利多赢”的共生关系。这种模式是指通过双方或多方组织之间的合作，以共建研发机构、共建经济实体、共建人才培养基地等方式，将项目、资金、技术、人才、科研成果等创新要素进行传递、共享及组合，进而产生新的创新力，来维持较为稳定的关系。其参与的主体主要有职业院校、企业以及政府。这种模式可由政府设立引导性资金，吸引职业院校与企业共建研发机构、经济实体及人才培养基地等，还可以以职业院校为主导，根据自身优势学科和特色资源，主动吸引企业，解决企业的难题①。

云南职业教育产教融合、校企合作发展的过程中，共生式融合也是十分重要的合作方式，其主要合作形式有共建实训基地、集团办学及职教园区，以云南交通职业教育集团、德宏职业学院及嵩明职教园区为代表。

云南交通职业技术学院充分发挥行业的优势，整合行业资源，走内涵式发展、集约化办学的改革之路，开展建设混合所有制高等职业院校的理论与实践课

---

① 杨诚．“共生型”校企合作模式下 ICT 高端技能型人才培养探讨［J］．职教论坛，2017（02）：55－59.

题研究，研制“职业教育校企合作促进办法”，把人才、智力、创新优势转化为企业的发展优势，真正实现共建、共育、共享、共荣。通过构建云南交通职教集团框架，探索其运行机制，优化、创新产教深度融合，服务云南现代综合交通人才培养目标。德宏职业学院与福建华盛玉雕厂进行合作办学，合作专业是珠宝玉石加工与营销，校企双方共建珠宝专业生产性实训基地，目前已建成省级示范性校企共建的生产性实训基地。云南省嵩明职业教育园区基地以“组团结构”为其结构布局，强调“多核心”的组织模式，即商业中心、体育中心、服务中心、文化活动中心等。目前，云南省的共生式融合可以服务于学生实习实训的需要，也可以服务于企业的员工技能培训的需要。但是，这种职业教育产教融合、校企合作的方式需要企业和职业院校投入大量的资金。

（三）内源式融合

该融合方式与共生式融合方式相反，指企业（职业院校）根据自身的发展或实际需要，开办职业院校（工厂），将职业教育产教融合、校企合作转化为自身发展组成部分的融合类型。

内源式融合方式是解决当前职业教育产教融合、校企合作瓶颈的最有效的解决方式。云南职业教育产教融合、校企合作内源式融合方式的合作形式是校办厂或厂办校。以昆明工业职业技术学院和昆明钢铁集团公司、宁洱哈尼族彝族自治县职业高级中学和其养猪场、种茶厂为代表。

位于云南滇中产业新区核心区域安宁市的昆明工业职业技术学院是昆明钢铁集团公司主办的一所高等职业院校，昆明钢铁集团公司针对自身的人才需求在职业院校内开展产教融合、校企合作探索。宁洱哈尼族彝族自治县职业高级中学所办的产业为学校提供了稳定的实习实训基地，保证了职业院校和企业的合作尝试。

（四）嵌入式融合

嵌入式融合需要学校和企业寻找到这种契合点，通过校企合作的形式，把各自的需要都嵌入到对方的需求中，形成企业需求和学校需求的结合①。云南职业

① 王书全，李丽，马鸣潇，李冰，刘永华．高职动物医学专业“嵌入式”校企合作培养模式的实践研究[J]．黑龙江畜牧兽医，2017（02）：227－229.

教育产教融合、校企合作嵌入式融合方式的合作形式是校中厂、厂中校，以云南机电职业技术学院为代表。

位于昆明市的云南机电职业技术学院紧密结合国家装备制造行业的发展战略目标，以服务云南地方经济和社会发展为使命，设立五系一部一校区，开设41个专业，其中有4个中央财政支持的重点专业。现已建成校内实训基地71个，校外实训基地103个，签订校企合作单位360家，其中国家级实习实训基地2个，省级实习实训基地9个，已建成8个“校中厂”、13个“厂中校”。

（五）研发式融合

该模式以提高各方创新能力为宗旨，以技术开发与科学研究为结合点，是快速提升企业技术、产品及服务创新能力的重要手段。该形式主要有技术咨询与交流服务及共同参与产学研联合开发工程等①。云南职业教育产教融合、校企合作最常见的形式是成立专家指导委员会。

云南互联网人才孵化中心是云南微三科技有限公司旗下的子项目，随着国家经济体制改革的不断深化及企业发展的多样化，为响应“大众创业、万众创新”政策的号召，深入推进传统产业升级，鼓励广大企业职工积极利用“互联网+”、大数据等新技术，加快传统产业向中高端产业转换，是依法独立开业或从事某一特定创新专业（工种）学识、技术和能力的必备标准，且拥有众多第三方合作企业的人才需求端口，为优秀创新型人才提供高薪就业岗位和创业途径。该公司成立了专业教学指导委员会，根据专业、课程特点，邀请第三方企业行业或专家与学校教师共同组建“专业教学指导委员会”，共同商讨，明确专业人才的培养目标，确定专业教学计划方案和教学内容，提供市场人才需求信息，参与教学计划的制订和调整，根据企业行业的用工要求及时调整课程教学计划和实训计划，协助学校确立校外实习实训基地。

---

① 柳友荣，项桂娥，王剑程．应用型本科院校产教融合模式及其影响因素研究[J]．中国高教研究，2015（05）：64－68.

第三节　云南职业教育“产教融合、校企合作”的经验梳理

通过研究云南职业教育产教融合、校企合作融合方式和合作形式的现状，笔者尝试对云南职业教育产教融合、校企合作过程中各融合方式和合作形式的共性进行一定的归纳总结，从中得出一些有益的经验。

一、融合方式多样，合作内容丰富

通过调研，笔者发现云南职业教育产教融合、校企合作的融合方式多样化，这表明不同地区的政府、企业和职业院校对产教融合、校企合作都做出了一定的探索，并取得了相应的成果。

云南多样化的探索也丰富了职业教育产教融合、校企合作的内容。我国将产教融合、校企合作的内容默认为以下 9 项：招生就业、发展规划、专业建设、课程建设、实习教学、学生管理、师资建设、能力评价和研究开发。这些合作内容在云南职业教育产教融合、校企合作的探索过程中基本上都有所体现，如云南锡业职业技术学院依托自身的优势，以服务云锡集团作为学校办学的定位，依据云锡集团的需求制定学校的发展规划；成立专门的专业和课程建设指导委员会，负责学校专业的开设与课程的建设；合作构建教师队伍，利用企业环境让学校教师进行挂职锻炼的同时吸纳企业工程技术人员担任兼职教师；云锡集团下属的 23 家单位为学生的实习教学提供了真实的工作场景，帮助学生在真实场景中提升了实践能力，从多方面对学生的能力进行综合评估；企业积极参与学校的招生就业和学生管理，将部分研究任务分配给学校，让其承担一定的产品研究与开发工作，推动了企业产品的创新和技术的升级换代。

二、产教融合，共同推进专业课程建设

课程作为职业教育特色的体现，是职业教育的灵魂。课程内容的选择、时间的分配和体系的组织是职业院校人才培养目标能否实现的关键。所以，在专业课

程的开发与设计方面与合作企业充分沟通交流，结合企业实际，与企业共同推进专业课程建设是十分必要的。

位于云南红河哈尼族彝族自治州的云南锡业职业技术学院是云南省2007年批准成立的高等职业技术学院，该学院由云南锡业股份有限公司办学，在校企合作方面具有明显的先天优势，并形成了自己的特色。为培养企业所需的人才和打造学校特色专业，学院专门成立了专业建设指导委员会，由控股公司的专业技术人员、专家和职业院校的老师共同制订人才培养方案，共同推进专业与课程建设，制定针对专业的校企特色人才培养模式。如有色冶金技术专业的“632”模式，就是依据有色冶金的生产过程决定教学单元和教学内容。这种专业课程设计贴合生产过程，可以实现学生培养和企业发展的有效对接。

三、资源共享，共同建设实习实训基地

实习实训基地的建立既为学生提供了实习实训的平台，增加学生对于真实工作环境的认知和熟悉程度，也为企业员工提供了进一步学习深造的平台，可提升企业员工的技能水平和熟练程度。学校和企业通过共建实习实训基地，有效实现了学校和企业的优势资源共享，同时实现了学校培养学生和企业追求效益的目的。

楚雄技师学院是2009年7月楚雄州委、楚雄州人民政府在国家加快发展现代职业教育的背景下，为全面建设彝州小康社会而建设的一所学院。楚雄技师学院在推进产教融合、校企合作过程中与企业共同建立了多个实习实训基地。如与东莞金状元电子商务公司合作共建了全省第一个电子商务示范基地，与楚雄州活塞销售有限公司合作共建了活塞销生产线即活塞销精工综合实训车间，以及与广西百裕集团合作共建了服装生产实训基地。这些实习实训基地既可以服务于学校学生的实习实训需要，也可以服务于企业员工的技能培训需要，将专业实训和课堂教学延伸到了一线生产车间，让学生真正接触到真实的工作环境，并培养学生的实践动手能力。

四、校企共建，打造“双师型”教师队伍

教师队伍决定着职业教育的水平。职业教育作为注重实践的教育类型，要求

从事职业教育的教师具备更强的实践操作能力。“双师型”教师队伍既具备教育教学能力，也具有实践操作能力，是现代职业教育对教师队伍的主要需求。

位于西双版纳傣族自治州的景洪市职业高级中学，十分重视建设双师型教学团队。学校通过走出去、请进来和教师到企业实践等制度措施，不断提高学校内部教师的专业水平。该校现有专任教师127人，其中本科学历教师125人，硕士研究生学历教师2人，学历达标合格率100%；具有高级专业技术职称的教师29人，占教师总数的22.83%；“双师型”教师60人，占专任教师总数的47.24%。同时，学校实施教师特聘、特邀计划，向社会特聘了烹饪、汽车维修、旅游服务与管理、会计电算化、服装设计与工艺、建筑设计、割胶工培训等26名专家到学校兼职任教，有效地保障了学校专业教学的顺利开展，优化了学院的师资队伍结构，推动了学院师资队伍的建设和发展。

五、企业文化融入校园文化建设

校园文化建设是职业院校精神文明建设的重要组成部分，在耳濡目染中对职业学校的学生产生影响。很多职业学校注重自己学校的校园文化建设，通过良好的校园文化氛围，树立学生正确的价值观、学习观和工作观，并尝试在校园文化中增加企业文化内容，让学生认识企业，为未来能融入企业的文化氛围奠定基础。

大理白族自治州的洱源县职业高级中学是1981年创办的云南省重点职业学校。从校园里随处可见的文化展示栏中，可以看出该校对校园文化的重视。洱源职中以“教育根源于爱”为办学理念，在教学中贯彻人人有才、人人成才的科学人才观，通过潜移默化给学生自信，并构建了德育教育、文化教学、专业教学和技能培养相结合的育人理念。在校园文化中融入企业文化，力图将学生真正培养成用人单位欢迎的具有吃苦耐劳精神和遵纪守法意识的初中级技能型人才。

六、多渠道筹集资金，维持合作开展

经费是推进职业教育产教融合、校企合作持续开展的物质条件，在很大程度上影响着职业教育产教融合、校企合作的效果。从2014年开始，教育部、财政部进一步加大了对职业教育的财政投入，逐步健全了多渠道筹措高职教育经费的

机制，在一定程度上保障了职业教育的经费投入。

云南省职业教育产教融合、校企合作经费的主要来源是政府拨款和学费收入。除此之外，社会捐赠也是一项重要的经费来源。表2－8为2017—2018年部分职业院校经费收入来源。

表2－8　2017—2018年部分职业院校经费收入来源

单位：万元

学校	总计	财政经常性补助收入	学费收入	中央、地方财政专项投入	其他收入	社会捐赠
云南体育运动职业技术学院	8030.56	3224.55	1355	2314.33	1136.68	0
曲靖医学高等专科学校	15408.74	8987.38	5382.61	1002.06	25.91	10.78
云南现代职业技术学院	1377.64	872.61	498.5	0	6.53	0
云南经贸外事职业学院	14141.75	233.45	11440.96	2343.981	122.85	0.5
云南文化艺术职业学院	6488.28	2356.16	2124.50	1638.57	369.05	0
德宏职业学院	10486.72	4759.44	4239.79	1037.29	144.00	306.2
红河卫生职业学院	8607.43	3995.83	1690.93	2745.50	169.84	5.33
丽江师范高等专科学校	15979.58	6524.22	3247.77	2123.90	4083.69	0
大理农林职业技术学院	7107.22	4002.81	1965.63	1122.78	0	16
楚雄医药高等专科学校	12765.59	8092.32	3695.6	878.84	90.73	8.1
云南农业职业技术学院	12814.99	8542.34	3878.55	142.64	0	251.46
云南司法警官职业学院	6471.92	4428.92	2043	0	2	0
昭通卫生职业学院	2826	1145	1100	0	0	0
德宏师范高等专科学校	12501.34	6483.96	2111.84	1802.02	2069.38	34.14
云南三鑫职业技术学院	2062.59	0	1778.5	227.26	1	5.83

数据来源：2018年云南省部分高职院校高等职业教育质量年度报告。

七、政府引导社会力量积极参与

2014年2月26日，李克强总理主持召开国务院常务会议，部署加快发展现代职业教育，提出了“发展职业教育是促进转方式、调结构和民生改善的战略举措。必须坚持以提高质量、促进就业、服务发展为导向，发挥好政府引导、规范和督导作用，充分调动社会力量，吸引更多的资源向职业教育汇聚，加快发展与技术进步和生产方式变革以及社会公共服务相适应、产教深度融合的现代职业教育。”云南地方政府引导多元力量推动职业教育产教融合、校企合作，在一定程度上可以缓解政府的财政压力，也可以为职业教育的发展源源不断地注入活力。截至2019年，云南省政府积极引导社会力量进行办学，共建民办职业院校13所（详见表2－9）。

表2－9　截至2019年云南的民办高职院校名单

单位：所

序号	学校名称	所在地	主管部门	类型	时间
1	昆明艺术职业学院	昆明市	云南省教育厅	艺术	1986年
2	昆明卫生职业学院	昆明市	教育部	医药	1993年
3	云南新兴职业学院	昆明市	云南省教育厅	综合	1993年
4	云南经贸外事职业学院	昆明市	云南省教育厅	财经	1998年
5	云南科技信息职业学院	昆明市	云南省教育厅	工科	2001年
6	云南城市建设职业技术学院	昆明市	云南省教育厅	工科	2004年
7	云南工程职业学院	昆明市	云南省教育厅	综合	2005年
8	云南外事外语学院	昆明市	云南省教育厅	综合	2009年
9	云南三鑫职业技术学院	文山壮族苗族自治州	云南省教育厅	工科	2009年
10	云南商务职业学院	昆明市	昆明海源教育投资集团有限公司	财经	2010年
11	云南现代职业技术学院	楚雄彝族自治州	云南省教育厅	综合	2011年
12	云南医药健康职业学院	昆明市	云南省教育厅	医药	2018年
13	云南理工职业学院	昆明市	云南省教育厅	工科	2019年

数据来源：2019年云南省高等职业教育人才培养质量年度报告。

在政府引导社会力量办学的过程中，产教融合、校企合作最典型的案例是：云南经贸外事职业学院在2017—2018学年不断深化产教融合，与云南小矮人汽车服务连锁有限公司、昆明食惑餐饮管理有限公司、开元旅业集团、昆明诺士达集团、云南鸿翔一心堂药业（集团）股份有限公司等达成了深度合作协议，实行订单培养，汽车检测与维修技术、烹调工艺与营养两个专业被评为省级现代学徒制试点专业。学院按照现代学徒制的要求，积极探索产教深度融合、工学交替、协同育人的新路子、新模式，为全面推进学院人才培养制度改革提供了方向、路径和方法。云南三鑫职业技术学院在教学中，把产教融合、校企合作作为办学的重要方式，寻求合作企业，探索校企合作育人的机制，与文山州级、各县市共 10 家医院签订医校合作协议，对护理、药学、医学影像技术等专业学生提供 8 个月的系统规范的医院实习实训，确保完成实践教学环节；与云南天冶化工签订了订单式的校企合作育人协议，部分实训教学科目由云南天冶化工安排具有高水平职业技能的人才负责；与云南正元地理有限责任公司签订了订单式人才培养协议，2018 届建筑类专业毕业生有 88 人，其中有 41 人全部进入该公司工作。云南职业院校先后建立了 47 个校企合作单位，有效地保证了产教的融合、毕业生的实习、就业的多渠道。

第三章　云南职业教育“产教融合、校企合作”存在问题分析

第一节　市场的资源配置功能未能有效发挥

一、市场规模限制校企合作发展

云南企业的总体数量占比不足全国的3.6%。2018年云南省的规模级以上工业企业的主营业务收入总额仅有13227.4亿元，在全国31个省（区、市）中排名21位；利润总额为925.2亿元，排名22位。二者均处于全国中下水平。

二、产业结构限制产教融合的发展

云南省各高等职业院校所开设的专业在专业大类上涵盖了云南省几乎所有行业，但是职业院校中的热门专业类群和具体专业却与云南省新兴行业发展的匹配存在一定的错位，各职业院校的关注重点依然是云南省的传统产业。

第二节　云南职业教育“产教融合、校企合作”的协同主体存在的问题

一、政府职能履行不到位

（一）制度设计不完善

现阶段我国对于产教融合、校企合作的制度安排多集中于宏观层面，没有形

成国家级的法律，因此缺乏强制性的约束力。同时，也没有形成标准化的行业政策制度体系。现有的法律法规行业规范难以完全覆盖所有问题，重点产业园区未将人才培养纳入建设规划。

（二）政府协调以及监管职能缺失

云南省政府在信息供应上明显缺位，没有建立整合校企信息资源的平台，无法保障校企常态化、规范化合作。政府对企业是否可以承担学校的实习需求，对学生的培养是否满足学校的基本要求缺乏监管。

二、企业合作意愿不强

（一）合作深度不足

云南省高职院校并非所有的专业都能与企业进行深度的合作。能够实现校企深度合作的专业多为该学校的特色以及重点专业，大量的非特色专业由于资源的相对不平衡，难以与企业进行有效的合作。

（二）合作主动性较低

云南本省的企业在产教融合、校企合作等方面所扮演的角色更多的是政策的被动执行者而非主动参与者。校企合作多从学校开始，企业很少主动就合作事宜与学校进行沟通，在合作的具体方案设计上也缺少主动性。

（三）合作难以规范化、常态化

目前学校与企业多为短期合作。在职业院校发出继续合作的邀请时，多数企业都会拒绝继续合作，能够实现长期合作的专业必然是本校的特色专业或者是热门专业，学校其他专业的合作周期相对较短。同时，校企双方都要负担额外的缔约成本。由于缺乏特别规定，合作过程中所订立的协议的法律效力难以得到有效保障。

三、职业院校自身建设限制了“产教融合、校企合作”

（一）师资力量有待提升

云南省中高职院校的师资力量所面临的问题主要集中在教师数量、教师专业水平以及教师的能力结构三个方面。首先，云南省中高职院校的师生比失调；其次，教师队伍的学历水平同样有待提升，部分院校的教师队伍的学历水平以及职称偏低；最后，多数职业院校的教师几乎不承担科研项目，这直接导致职业院校不具有将科研成果转化为企业迫切需要的技术的能力。

（二）学生对于校企合作的认识有待加强

在校企合作的模式之下，在校学生具有双重的社会属性。首先他们是学校的学生，同时也是企业的劳动者。学生往往会利用学生的身份逃避企业的管理。对于实习生管理的困难直接导致企业对于与学校合作存在着一定程度的心理抵触。

（三）学校高层对“产教融合、校企合作”的认识存在偏差

中高职院校的高层在某种程度上将产教融合、校企合作作为一种政策任务来落实。过于关注学生的就业率，简单地将校企合作作为一种提升毕业率的手段，忽视了校企合作过程中的项目合作以及技术研发。

（四）校企合作过程中资产管理存在风险

学校的资产由非经营性国有资产和经营性资产组成。非经营性国有资产可以依照规定转化为经营性资产。为推进“产教融合”，国家鼓励职业学校实行股份制、混合所有制改革，但这也容易造成国有资产的流失。校企共建的实训实践基地在国有非经营性与经营性资产之间的界定仍不明朗，这导致一些学校为规避风险出现部分设备闲置不用或利用率低等现象。

四、社会缺乏对于职业教育的关注

现阶段，我国职业教育的社会认同受到巨大冲击。同时较低的社会认同感直接影响了职业院校的生源质量，并同时影响了校企合作中实习生的综合素质，这反过来又影响了企业对产教融合、校企合作的态度。

第三节 云南职业教育“产教融合、校企合作”的供需不平衡

一、人才供给不平衡

云南省产教融合、校企合作模式正在逐步推进，一方面企业很需要人才，但另一方面职业院校培养出来的学生企业又不敢用。虽然职业院校通过产教融合、协同育人模式，将院校教学流程与企业生产流程相对接，基本能满足人才培养的要求，但在具体人才培养层次、类型与专业技术技能方面无法全面满足实体经济产业布局的需要，与企业发展需求契合度不高，技能应用型、复合型人才长期短缺。

二、师资队伍虽有所优化，但校际差异明显

在师资队伍建设方面，在云南省实践中，多数企业都派遣了员工到学校去参与课程教学，也接收学校教师到企业参与实践活动和产品研发。但在云南省部分职业院校中，特色专业和热门专业“双师型”教师比例较高，冷门专业的“双师型”比例则达不到国家要求。新的国家政策要求是：“到2022年，职业院校‘双师型’教师占专业课教师的比例超过一半。”许多职业院校都存在着在编教师的实际教学经验参差不齐的问题，具有实际操作能力，同时能将企业实践运用于教学的教师也相对较少，无法与“双师型”教师能力相匹配。能够在校进行长期任教的教师数量较少，教师职业稳定性不高。另外，“双师型”教师结构要求企业派遣员工参与职业院校教学，但部分企业员工往往因为教育教学能力缺乏，无法将自身的实践能力完整地教授给学生，存在高技术、低教学水平的现象。这导致产教协同育人中教师专业水平较低，“双师型”教师队伍建设困难的问题。

三、实训基地条件有所改善，差距依然存在

云南省按照教育部的要求，努力逐步改善职业学校的办学条件。学校、企业

作为合作的双主体，双方根据自身特点和需求，应因校制宜、因企制宜、因专业制宜，搭建合作实训平台。从云南省职业院校与企业共建实训基地的情况来看，虽然在校企合作中探索出一批标准化生产性实训基地，但在服务云南特色产业现代化发展等方面仍存在不足，需要进一步改进。同时部分院校的实训基地仍然存在硬件建设滞后、设备使用效率低、建设资金及运行经费短缺、实训设备数量不足、场地狭小等问题。因此，需要加强校企双方对实践基地、实训场所、环境、设备设施等方面的投入，采取有效机制促进双方的协作，支撑与保障人才培养。

四、专业设置供需不平衡

云南省职业院校的专业设置虽涵盖所有专业大类，但是职业院校中的热门专业类群和具体专业却与云南省新兴行业发展之间存在一定的错位，仍然需要以重点专业作为龙头，其他专业协同发展。现有专业存在综合性不强、分散不集中、联系不紧密等特点。同时，相关专业在数量方面虽有所提高，但相关专业群建设较少，只是简单地把专业分为几个大类，缺乏与地方产业经济发展相联系的专业群规划，面临人才培养质量不高的挑战。专业群设置应是在产教融合、校企合作基础上，围绕地方产业链、职业岗位群、核心专业配置构建，需要遵循职业教育规律，同时适应区域经济的发展需求。

第四章　云南职业教育“产教融合、校企合作”的政策演进

第一节　起步探索阶段（1949—2004 年）

1949 年中华人民共和国成立以后，各项事业都处于起步阶段。云南省职业教育也处于起步期。1950 年 2 月中国人民解放军进驻昆明，根据“学校应由国家管理”的原则，开始对昆明市文教机关、单位进行接收接管①。1952 年成立了云南省中等技术教育委员会，负责指导中等技术教育的学校设置、经费、教学等一系列工作。

1958 年国家提出了“教育为无产阶级政治服务，教育与生产劳动相结合”的方针，实行教育与生产劳动相结合。之后，受到“大跃进”和“文化大革命”的冲击，云南省职业教育的发展出现停滞不前的状况。

党的十一届三中全会以后，职业教育在整个社会的关心和支持下走上了健康发展的道路。1996 年 5 月《中华人民共和国职业教育法》首次提出了“产教结合”政策，并指出“职业学校、职业培训机构实施职业教育应当实行产教结合，为本地区经济建设服务，与企业密切联系，培养实用人才和熟练劳动者。”这是中国职业教育“产教融合、校企合作”政策的开端。这一指导思想一经提出，全国各地的职业教育纷纷走向了与产业融合、与企业合作的探索之路。

为了响应国家的职业教育政策号召，1999 年 4 月云南省首次颁布了关于职业教育的法规——《云南省职业教育条例》，其中指出：“职业学校、职业培训机构应当实行产教结合，可以举办与职业教育有关的企业或者生产实习场所，并享

---

① 李家祥，王雯．云南职业教育百年——文献史料选编［M］．昆明：云南大学出版社，2017.

受国家有关税收、贷款等优惠政策，其收入主要用于发展职业教育。”这是云南省跟随中央政策步伐颁布的第一个职业教育条例。

第二节 快速发展阶段（2005—2012 年）

由于职业教育产教融合、校企合作的初步探索取得了较好的成效，国家层面开始大力推行职业教育产教融合、校企合作模式。2005 年 11 月《国务院关于大力发展职业教育的决定》中将“校企合作”作为重要组成部分纳入到了职业教育体系之中。云南省紧随国家政策的步伐，同年 12 月发布了《中共云南省委、云南省人民政府关于大力推进职业教育改革与发展的意见》，提出：“支持行业和企业办好现有职业院校，鼓励行业和企业根据自己的需要或市场需求，独立举办各种职业院校和培训机构。坚持把校企联合、产教结合作为职业教育发展的一条重要途径。”这表明云南省意识到了“校企联合、产教结合”这一模式在职业教育发展过程中的重要性，并提出了相应的政策措施。

2007 年 8 月，《中华人民共和国就业促进法》以法律的形式规定了职业教育应实行“产教结合”，“职业院校、职业技能培训机构与企业应当密切联系，实行产教结合，为经济建设服务，培养实用人才和熟练劳动者。”这充分肯定了职业教育产教结合在培养人才、促进就业方面的积极作用。

云南省根据《中华人民共和国就业促进法》的“产教结合”规定，认识到职业教育需服务于市场和就业，于 2007 年 12 月发布了《云南省教育事业发展“十一五”规划及 2020 年远景目标》，提出了“以市场需求和劳动就业为导向，结合新农村建设和城镇化的推进，构建结构合理、灵活开放、特色鲜明、自主发展的现代职业教育体系。以服务区域经济为重点，加快中等职业教育发展。鼓励行业企业与职业学校合作办学，开展‘订单培养’，结合产业结构调整，培养大批实用型技能人才。”此政策规划了职业教育的发展目标、合作方式等，强调了产教融合、校企合作的重要性。

为了贯彻落实校企合作政策，2008 年 7 月，云南省发布了《关于组建职业教育集团的若干意见》，提出到 2012 年，建立政府引导、学校主动、行业中介、企业参与的“四位一体”校企合作运行机制。组建一批学校与行业、学校与企业契约式合作的职业教育集团，创新校企合作互动机制的发展目标，并且对组建职教集团的方式与途径、组建职教集团的保障措施进行了明确阐述。此政策侧重于校企合作的实体建设，促进了职业教育集团的组建，是云南省校企合作思想从号召到落实的具体体现。

自从组建了职业教育集团，职业教育对经济发展的贡献越来越大，职业教育产教融合、校企合作成为培养人才的重要模式之一。据此，云南省对教育进行改革和规划，把职业教育的产教融合、校企合作放在重要位置，突出了职业教育的特殊作用。

2010 年 10 月，《云南省中长期教育改革和发展规划纲要（2010—2020 年）》发布，提出“发挥政府在校企合作中的统筹作用，建立健全政府主导、行业指导、企业参与的办学机制。建立校企合作长效机制，制定促进校企合作办学政策法规，促进校企合作制度化，调动行业企业参与、支持职业教育的积极性。完善校企合作、工学结合、顶岗实习的人才培养模式，实现职业学校教育与岗位技能需求对接。鼓励以产学研用为纽带，以专业群为依托，组建和完善行业性、区域性职业教育集团。”

2011 年 4 月，《云南省中长期人才发展规划（2010—2020）》发布，提出“加强职业培训，统筹职业教育发展，整合利用现有各类职业教育培训资源，依托大型骨干企业（集团）、重点职业院校和培训机构，建设一批示范性高技能人才培养基地和公共实训基地。改革职业教育办学模式，大力推行校企合作、工学结合和顶岗实习。”明确了未来职业人才的培养应当由学校和企业联合进行，重视人才的社会实践。此政策阐明了校企合作的目的——培养人才。

2011 年 12 月，中共云南省委组织部、省人力资源和社会保障厅发布了《云南省高技能人才队伍建设中长期规划（2010—2020 年）》，提出“健全行业企业为体主体、职业院校为基础的高技能人才培训体系。”并且“推动职业院校与企业深入开展校企合作，深化教学改革，提高技能人才培养的针对性和实用性。”可以看出，此政策强调了职业教育培养高技能人才的途径应是“校企合作”。

第三节　创新发展阶段（2013 年至今）

2013 年 1 月的《教育部 2013 年工作要点》中明确提出，要大力推进职业教育产教融合、校企合作，建立技术技能人才培养“立交桥”，正式确认“产教融合、校企合作”政策的合理合法性。这是首次在教育部的文件中正式出现“产教融合、校企合作”的表述。我国在经历了十余年的“产教结合”“校企合作”“产学研结合”等相关实践后，最终总结得出“产教融合、校企合作”这一职业教育发展的目标和途径。

2013 年 11 月，根据党的十八大精神，十八届三中全会审议通过了《中共中央关于全面深化改革若干重大问题的决定》，这是全面深化改革的科学指南和行动纲领，其中提出“加快现代职业教育体系建设，深化产教融合、校企合作，培养高素质劳动者和技能型人才。”这为我国职业教育改革发展指明了方向。从此以后，职业教育进行了全方位、多领域、多层次的改革，特别是对“产教融合、校企合作”进行更加深入的探索。

2014 年 6 月，国务院发布了《关于加快发展现代职业教育的决定》，以行政法规的形式阐明了“深化产教融合、校企合作”的重要性，提出“加快现代职业教育体系建设，深化产教融合、校企合作，培养数以亿计的高素质劳动者和技术技能人才。”明确了今后一个时期加快发展现代职业教育的指导思想、基本原则、目标任务和政策措施，提出“到 2020 年，形成适应发展需求、产教深度融合、中职高职衔接、职业教育与普通教育相互沟通，体现终身教育理念，具有中国特色、世界水平的现代职业教育体系”。这是我国职业教育发展历程中的一块里程碑，指明了我国职业教育未来发展的方向和路径。

2015 年 2 月，在云南省政府第 59 次常务会议上审议通过了《云南省人民政府关于贯彻落实国务院加快发展现代职业教育决定的实施意见》，对于现代职业教育的发展提出了：“到 2020 年，建立起具有云南特色、适应经济社会发展、结构规模合理、产教深度融合、中等职业教育与高等职业教育衔接、职业教育与普通教育相互沟通、学历教育与非学历教育并重、内外发展环境优良、体现终身教育理念的现代职业教育体系的目标。”

2015 年 5 月，《云南省现代职业教育体系建设规划（2015—2020 年）》中明确提出：“创新职业教育人才培养模式，鼓励校企合作开展委托培养、定向培养、订单培养。创新顶岗实习形式，建立健全学生实习实训制度和实习责任保险制度。开展现代学徒制试点，探索建立校企联合招生、联合培养、一体化育人的长效机制，完善学徒培养相关标准和制度，逐步建立起政府引导、行业参与、社会支持、企业和职业院校双主体育人的具有特色的现代学徒制。完善支持政策，广泛开展技能竞赛，推进校企一体化人才培养模式。鼓励职业院校与行业企业共建技术工艺和产品开发中心、实验实训平台、技能大师工作室等。制定多方参与的支持政策，推动政府、学校、行业组织、企业联动，促进技术技能的积累与创新。职业院校教师和学生拥有知识产权的技术开发、产品设计等成果，可依法依规在企业作价入股。”此规划制定了符合云南实际的现代职业教育体系，为云南职业教育的产教融合、校企合作提供了更多方面的政策支持。

2015 年 10 月，《云南省职业院校现代学徒制试点工作实施方案（试行）》提出了云南省职业教育产教融合、校企合作人才培养模式的具体方案。

2017 年 7 月，云南省人力资源和社会保障厅发布了《云南省技能强省行动计划（2017—2020 年）》（后简称《计划》），这是全国第一个以省政府名义出台的关于推进技能强省的指导性文件，其发布目的是为了解决技能人才在云南省的短缺问题，以便尽量造就一支有理想守信念、懂技术会创新、敢担当讲奉献、数量充足的技能人才队伍。该《计划》中对职业教育提出以下要求：“提升高等职业教育发展水平。促进专科层次高等职业院校特色办学，密切产学研合作，深化产教融合。探索发展本科层次职业教育，鼓励和支持部分普通本科高等学校及独立学院向应用技术类型高等学校转型，招生计划、经费投入等逐步向应用技术类型高等学校倾斜。”

2017 年 12 月，国务院印发《关于深化产教融合的若干意见》（后简称《意见》），《意见》指出：“将产教融合作为促进经济社会协调发展的重要举措，融入经济转型升级各环节，贯穿人才开发全过程，形成政府企业学校行业社会协同推进的工作格局。”“校企协同，合作育人。充分调动企业参与产教融合的积极性和主动性，强化政策引导，鼓励先行先试，促进供需对接和流程再造，构建校企合作长效机制。”此《意见》是一部专门关于深化职业教育产教融合、校企合作的指导意见，强调产教融合、校企合作要深化，并从多个方面指出了产教融合的途径，目标是最终要形成教育和产业统筹融合、良性互动的发展格局。

为了深化产教融合，2018 年 2 月教育部等六部门发布了《职业学校校企合作促进办法》（后简称《办法》）。《办法》指出：“产教融合、校企合作是职业教育的基本办学模式，是办好职业教育的关键所在。为深入贯彻落实党的十九大精神，落实《国务院关于加快发展现代职业教育的决定》要求，完善职业教育和培训体系，深化产教融合、校企合作。”“为促进、规范、保障职业学校校企合作，发挥企业在实施职业教育中的重要办学主体作用，推动形成产教融合、校企合作、工学结合、知行合一的共同育人机制，建设知识型、技能型、创新型劳动者大军，完善现代职业教育制度。”

2018 年 8 月云南省人民政府办公厅发布了《关于深化产教融合的实施意见》，该文件的发布是为了深入推进人才培养供给侧结构性改革，促进教育链、人才链与产业链、创新链有机衔接，逐步形成全省教育和产业统筹融合、良性互动的发展格局。

2018 年 11 月，《云南省人民政府关于推行终身职业技能培训制度的实施意见》发布，提出实施现代学徒制和企业新型学徒制试点计划，开展现代学徒制试点，扩大试点院校的招生自主权，推动试点院校根据合作企业需求，与合作企业共同制定招生与招工方案，改革考核方式、内容和录取办法。发挥企业和学校的“双主体”作用，在企业推行“招工即招生、入企即入校、企校双师联合培养”的新型学徒制培养模式，逐步扩大参加企校双师联合培养的企业新型学徒制培训试点。

2019 年 2 月，国务院印发的《国家职业教育改革实施方案》（后简称《方案》）提出：“深化产教融合、校企合作，健全多元化办学格局，培养更多高技能人才。”《方案》再一次强调了职业教育与普通教育同等重要，从实训基地、制度标准、企业参与办学配套政策、质量水平参等方面制定了实施方案，进一步从政策上规范了产教融合、校企合作的具体措施。

《国家职业教育改革实施方案》出台后，云南省为落实该方案也制定了一系列的政策。2019 年 4 月，《云南省人民政府办公厅关于进一步调整优化结构提高教育经费使用效益的实施意见》指出：“着力补齐教育发展短板。……要加大对普通高中办学条件的改善力度，逐步提高中职学校和高职院校生均财政拨款水平，完善政府、行业、企业及其他社会力量依法筹集经费的机制，鼓励企业举办职业教育，深化产教融合、校企合作。”此政策为职业教育产教融合、校企合作提供了经费保障。

2019 年 5 月，国务院办公厅印发了《职业技能提升行动方案（2019—2021 年）》（后简称《方案》）。《方案》指出：“大力开展企业职工技能提升和转岗转业培训。……推进产教融合、校企合作，实现学校培养与企业用人的有效衔接。鼓励企业与参训职工协商一致灵活调整工作时间，保障职工参训期间应有的工资福利待遇。”

2019 年 7 月，云南省人民政府办公厅印发了《云南省职业技能提升行动实施方案（2019—2021 年）》（后简称《方案》）指出：“鼓励支持社会培训、评价机构开展职业技能培训和评价工作。”“鼓励社会力量举办职业培训机构，新设立的职业培训机构达到相应要求的，可直接获得职业资格高级工及以下等级的培训资质。鼓励省外有资质的职业培训机构到云南省开展职业技能培训。民办职业培训机构和评价机构在政府购买服务、校企合作、实训基地建设等方面与公办同类机构享受同等待遇。做好我省工程领域高技能人才与工程技术人才职业发展贯通试点工作。”“加强职业技能培训基础能力建设。在我省高危企业集中地区和吸纳就业明显的地区，建设、认定一批安全生产和技能实训基地。支持企业、院校、培训机构对实训设施设备进行升级改造。支持建设产教融合实训基地和公共实训基地，积极推进职业技能培训资源共建共享。”此《方案》中体现了云南省落实中央政策的决心，同时也体现了云南省职业技能提升的具体行动方案，说明产教融合、校企合作已经成为云南省长期稳定的职业技能人才培养模式。

第五章　云南职业教育“产教融合、校企合作”的院校分析

第一节　云南职业教育“产教融合、校企合作”的院校供给分析

一、人才培养供给

2019年2月13日，国务院印发了《国家职业教育改革实施方案》，其中提出：“大幅提升新时代职业教育现代化水平，为促进经济社会发展和提高国家竞争力提供优质人才资源支撑。”已有经验证明，职业教育的发展能够加大对优质人才资源的供给。云南省通过产教融合、校企合作模式，积极引导职业院校创新开拓人才培养模式，为人才培养单位和优质企业之间搭建沟通平台，使职业院校的学生培养与企业需要实现了对接。

云南省职业院校通过产教融合、协同育人模式，将院校教学流程与企业生产流程相对接，满足了人才培养的要求。通过提升在校学生的实际操作能力与岗位能力，增强其专业技术技能。通过推进学生的分段培养计划，增加了职业院校在校生人数，中等职业院校的在校生人数自2014年到2018年增加了60993人，高等职业院校的在校生人数自2014年到2018年增加了133893人（如表5－1所示）。

表5－1　云南省职业院校在校生人数

单位：人

年份	中等职业院校在校生人数	高等职业院校在校生人数
2014年	589107	197833
2018年	650100	331726

数据来源：2014—2018年云南省教育事业统计摘要。

在就业方面，2018 年全省中职学生就业率和对口率分别为 96.29% 和 76.65%（如表 5-2 所示），分别较上年提高 4.03 个百分点和 6.97 个百分点[①]。全省高职学生就业率也达到 96% 以上。高就业率与对口率体现的是职业院校在产教融合、校企合作上的实效成果。

表 5-2　云南省中等职业院校学生就业率和对口率

年份	中职学生就业率	中职学生就业对口率
2017 年	92.26%	69.68%
2018 年	96.29%	76.65%

数据来源：云南省中等职业教育 2018 年度质量报告。

二、教学成果供给

产教融合、校企合作背景下，职业院校能够及时接收到企业及行业发展与技术创新动态，教师可以及时调整教学科研方向以适应市场需求。云南省通过实施“现代职业教育质量提升计划”“高职院校质量工程”“专业服务产业能力提升工程”等项目，有效地提升了中高职学校的教学质量，深化了产教融合、校企合作。

2018 年，云南省高职院校在全国高职院校技能大赛（常规赛项）中获奖数量为 42 个，中职院校在全国职业院校技能大赛中获奖数量为 27 个。技能大赛中的获奖能为学校提供获奖经费及随之而来的项目投资。2018 年，云南省开展中职教师培训 36943 人次，同时积极推进“职业院校教师素质提高计划”，实施中职教师素质协同提升项目[②]，有效地提升了教师队伍整体科研与教学水平。2019 年云南省教育厅发布了《高等职业教育创新发展行动计划（2015—2018 年）》，遴选出了高职院校应用技术协同创新中心 13 个[③]，形成了在校企合作的基础上，以学校为主导、教师科研教学协同创新的模式，促进了科研项目的实施与人才培养的落地。

① 云南省中等职业教育 2018 年度质量报告.

② 云南省中等职业教育 2018 年度质量报告.

③ 关于《高等职业教育创新发展行动计划（2015—2018 年）》项目认定拟推荐名单的公示“附件 6”.

三、实训基地供给

产教融合、校企合作中的环境要素是支撑人才培养的重要组成部分。由于职业教育在课程教学中存在情境性、模拟性特点，因此建设生产性实训基地有利于学生获得真实的岗位技能与训练，也利于企业与学校的资源共享。

云南省中等职业教育为了增强办学吸引力，与地方产业经济主动融合，通过提升办学质量与办学特色，积极建设了一批产教融合实训基地，如云南红河州民族师范学校启动建设与地方特色产业——云南建水紫陶产业对接的工艺美术专业教学实训基地“陶习苑”①，就是这种主动融合很好的案例。

云南高等职业院校还在继续探索新形势下产教融合、校企合作的模式。目前，由于普通的实训基地建设已经满足不了要求，很多高职院校正在通过新建或改造原有的校内实训基地，依据现场化、情景化要求重新进行布局和设备选择，让学生在校内就可以感受到真实的生产环境。2019 年，云南省教育厅遴选出了校企共建的生产性实训基地 25 个（如表 5－3 所示）。这也标志着云南省高职院校实训基地的供给呈现出规模化和多样化特点。

表 5－3　校企共建的生产性实训基地项目拟推荐名单

序号	学校名称	基地名称
1	云南交通职业技术学院	自办实体建设道路桥梁工程技术专业生产性实训基地
2	云南农业职业技术学院	生猪标准化养殖生产性实训基地
3	昆明冶金高等专科学校	电气自动化生产性实训基地
4	云南能源职业技术学院	实习矿井生产性实训基地
5	昆明工业职业技术学院	钢铁冶金生产性实训基地
6	曲靖医学高等专科学校	眼视光技术生产性实训基地
7	云南国土资源职业学院	地质类专业生产性实训基地
8	云南文化艺术职业学院	云南地方戏曲生产性实训基地

① 张兵．中职校实训基地创新建设的探索与实践——以云南红河民族师范学校“陶习苑”建设为例[J]．文教资料，2015（16）：142－143.

续　表

序号	学校名称	基地名称
9	云南林业职业技术学院	园林技术专业群生产性实训基地
10	云南机电职业技术学院	智能制造机电设备生产及维修生产性实训基地
11	昆明冶金高等专科学校	测绘地理信息生产性实训基地
12	云南经贸外事职业学院	汽车快修及美容生产性实训基地
13	云南交通职业技术学院	工程机械绿色维修与再制造生产性实训基地
14	云南国防工业职业技术学院	对外电子商务生产性实训基地
15	大理农林职业技术学院	兰花工厂化生产性实训基地
16	云南锡业职业技术学院	有色金属冶金生产性实训基地
17	云南农业职业技术学院	太空蔬菜生产性实训基地
18	云南林业职业技术学院	木材综合利用生产性实训基地
19	云南林业职业技术学院	林业技术专业群生产性实训基地
20	云南交通职业技术学院	城市轨道交通专业生产性实训基地
21	昆明工业职业技术学院	物流管理生产性实训基地
22	昆明冶金高等专科学校	乾兴翠国际珠宝学院生产性实训基地
23	曲靖医学高等专科学校	康复技术生产性实训基地
24	云南机电职业技术学院	航空服务业生产性实训基地
25	云南国防工业职业技术学院	高端数控加工生产性实训基地

数据来源于：关于《高等职业教育创新发展行动计划（2015—2018年）》项目认定拟推荐名单的公示——附件2。

第二节　云南职业教育“产教融合、校企合作”的院校需求分析

一、实训基地需求

目前云南省职业教育发展在产教融合、校企合作方面要积极促成专业与企业的进一步合作，与企业共同制订人才培养方案，共建完整的实训合作平台。但从

现状来看，职业院校大多数还延续着传统的人才培养方式，实训平台与行业或企业的联系深度不够，实训课程建设、实训条件方面都不能够做到与产业发展同步，因此人才培养受到制约。

据统计，2018 年，云南省中职学校共与 2941 家企业签订了长期合作协议，双方根据专业特点和校企双方的需求，因校制宜、因企制宜、因专业制宜，探索出了工学交替、产学研结合、引企入校等多样化的合作模式，搭建了合作实训平台，但是校内实训仍然存在硬件建设滞后、设备使用效率低、建设资金及运行经费短缺、实训设备数量不足、场地狭小等问题。

高职院校虽然在校企合作中建设了一批标准化生产性实训基地，但在服务云南特色产业现代化发展需求等方面存在不足，需要进一步改进。例如，2018 年云南省现代职业技术学院就受制于无土地校舍，不仅在办学方面受到局限，而且在实训基地建设方面也受到局限①。

云南省职业教育实训基地建设存在巨大缺口，需要巨大投入。这需要在实践基地、实训场所、环境、设施设备建设等方面加强与企业的联系，采取有效机制促进双方的资金投入，激活职业院校建设实训基地的内生动力，支撑与保障职业教育的人才培养。

二、师资队伍需求

目前，云南省职业院校中的教师主体意识不强，内生动力不足。同时，由于学校的资源、财力有限，难以吸引高技能型人才。人员编制紧缺，在编教师同时还承担着各级各类在职培训任务，因此教职工超负荷工作。大部分教师没有加强与企业的联系互动，只是单纯地进行调研活动，具体教学目标、环节、情境、内容等不能与企业实际发展、人才需求相匹配。教师与企业开展实践教学的广度、深度不够。

产教融合教学模式的构建与实施，需要一支具备扎实理论基础和丰富实践经验的“双师型”教师队伍。校企合作中，需要企业经验丰富的职工作为老师，教授学生实际操作技能。在双师素质专任教师的比例方面，目前高等职业院校

① 云南省现代职业技术学院高等职业教育质量年度报告（2019）.

“双师型”专任教师占比只有30%～75%不等，中等职业院校“双师型”专任教师平均比例只有41.28%①。

图5－1　两所职业院校教师岗位招聘能力占比情况

数据来源：云南省广播电视学校2019年拟聘人员名单公示；2018年云南新兴职业学院新教师招聘方案。

在招聘和人才引进方面，理论教学目前成为人才招聘的主要导向，缺少对招聘对象实践能力的考察。这导致高职院校中专业课教师实践能力偏低，“双师型”教师比例未能达到国家规定的要求，教师缺乏企业实际运行工作经验。如中职院校中，云南省广播电视学校在公开招聘学前教育教师岗位时，专业理论评分占比30%，岗位技能占比30%，教学能力占比40%②。高职院校中，云南新兴职业学院在公开招聘新教师岗位时，综合素质占比10%，学科业务知识占比30%，教学能力（说课和答辩）占比60%③。

同时，在“双师型”教师培养中，云南职业院校在编教师的实际教学经验参差不齐，具备企业实践经验、具有实际操作能力并能运用于教学的教师也相对较少，无法与“双师型”教师实际能力相匹配。企业选派的员工在担任院校教师时也存在相似问题，往往因为教育教学能力缺乏，无法将自身的实践能力完整地教授给学生。因此，在产教融合、校企合作中，职业院校缺乏对“双师型”

---

① 云南省中等职业教育2018年度质量报告.
② 云南省广播电视学校2019年拟聘人员名单公示.
③ 2018年云南新兴职业学院新教师招聘方案.

教师能力的提升，完整的教师教育体系建设缺乏。

因此，在产教融合、校企合作模式中，需要进一步加大专业教学团队、专业带头人、专业骨干教师的建设力度，结合产业需求与岗位技能，调整教师职能绩效考核，同时提升教师的职业技能、科研技能、实践技能，促进教师队伍主体内生动力，打造一支数量足、结构优、素质高的专业师资队伍。

三、专业群建设需求

《云南省中长期教育改革和发展规划纲要（2010—2020年）》指出，鼓励以产学研用为纽带，以专业群为依托，组建和完善行业性、区域性职业教育集团。目前在产教融合、校企合作模式下，云南省专业设置虽涵盖了所有专业大类，但仍然存在服务于地方产业经济发展的专业集群建设滞后的情况。

从云南省2019年颁布的《2019年云南省具备学历教育招生资质职业学校名单（中职教育）》中可以看出，具备招生资质的学校一共241所，其专业设置主要以重点专业作为龙头，其他专业协同发展，这种设置存在专业综合性不强、分散不集中、联系不紧密等问题。我们通过对云南交通职业技术学院、云南经贸外事职业学院、云南城市建设职业技术学院等近十所高等职业院校专业设置分析发现，2018年高等职业院校中专业设置数量虽上升，但专业群建设较少，专业只是简单地被划分为几个大类，专业间缺少相关性联系。

专业群设置应是在产教融合、校企合作基础上，围绕地方产业链、职业岗位群、核心专业或是围绕现有的教学资源配置构建，需要遵循职业教育规律，加强专业间的相关联系。目前应该着力发展适应云南省产业结构调整和优化升级所需的专业群，主动服务区域经济和社会发展，形成与区域产业分布形态相适应的专业群布局。

四、产教融合课程体系建设需求

职业教育的性质与功能是由课程建设来具体实现的。作为职业院校发展的具体运行要素，要想推进新形势下产教融合、校企深度合作，就需要建设相应课程体系。《云南省中长期教育改革和发展规划纲要（2010—2020年）》提出，以就业为导向，引导职业学校根据市场设专业，根据岗位设课程。

目前，云南省大多数职业学校还延续着与普通教育相同的人才培养模式，职业院校在课程开发与实施阶段仍然存在教材老旧、教学内容模式僵化等问题，理论教学课程的课时设置远远大于实践教学课时设置。重视理论教学远大于实践教学。若要将课程内容对接职业标准，教学过程对接生产过程，深化教学改革，就需要从培养目标、课程结构、课程内容、课时安排几个方面具体着手，结合院校学科带头人、行业专家、企业专家来协同制定动态的职业教育课程体系。

五、政策法规需求

2018 年，云南省出台了《云南省人民政府办公厅关于深化产教融合的实施意见》（云政办发〔2018〕60 号）以及《云南省职业学校校企合作促进办法》（云教发〔2018〕181 号）。这些政策法规的制定作为产教融合、校企合作的保障要素，为加强职业教育事业宏观顶层设计，加快构建现代职业教育体系提供了有力的支撑。云南的产教融合、校企合作不仅需要政策法规提供大方向上的指导，同时需要具体政策来保障院校与企业的合作。

在中等职业教育资金投入方面，云南省各州市基本建立了中等职业教育生均拨款制度，对省属中职学校采取生均综合定额的办法核定经费①。2018 年，云南省发布《云南省中等职业学校国家助学金管理暂行办法》，让更多的学生能够有机会进入职业学校，接受专业知识与技能教育。在高等职业教育资金投入方面，2019 年云南省教育厅发布的《云南省教育厅 2018 年度决算公开报表》中显示，高等职业教育财政基本支出为 95484. 80 万元，项目支出为 73234. 92 万元，比中等职业教育的财政基本支出多出 78586. 83 万元，项目支出多出 33192. 72 万元②。（如表 5 -4 所示）这表明在财政政策与支出规模上，高等职业教育已经逐步完善了经费投入机制。

---

① 云南省中等职业教育 2018 年度质量报告.

② 云南省教育厅 2018 年度决算公开报表.

表 5-4 2018 年云南省职业教育财政支出情况

单位：万元

职业教育	财政基本支出	项目支出
高等职业教育	95484.80	73234.92
中等职业教育	16897.97	40042.20

数据来源：云南省教育厅 2018 年度决算公开报表。

但是就云南省职业院校产教融合、校企合作的整体水平而言，能实现“校企双主体”深度合作办学的专业较少。容易出现“一头冷、一头热”的现象，学校因为人才培养的需要，迫切需要与企业合作，但由于没有国家法律和制度的强制要求，企业没有利益可图，因此与学校合作办学的积极性不高。这就需要发挥政府在校企合作中的统筹作用，建立健全政府主导、行业指导、企业参与的院校办学机制。需要制定校企合作办学政策法规，具体包括产教融合、校企合作的有效路径、办法、措施等，促使职业院校在学校、专业、课程、教师、学生不同层面建立起完整且相对独立的质量保证机制；也需要建设相应促进校企合作办学的制度，提升校企合作质量，防止和克服职业院校在产教融合、校企合作模式过程中可能出现的建设倦怠，促进产教融合、校企合作模式制度化发展。

第三节 云南职业教育“产教融合、校企合作”的院校供需融合分析

云南省职业院校在目前产教融合、校企合作模式下，通过加大对人才的培养，向企业及行业发展输送优质人力资本，逐步完善了职业院校的发展模式。但职业院校在产教融合、校企合作模式下仍然存在发展建设要求，包括存在建立区域经济导向的实训基地，充实理论基础扎实和实践经验丰富的专业教师队伍，完善与区域产业分布形态相适应的专业群布局，加快产教融合课程体系建设，加强政策法规支持等。目前云南省的职业院校选择了一条具有地方特色的发展道路，促进了职业院校与地方经济的协同发展。

一、合作育人供需融合

为进一步开拓学生实习实训渠道，推进人才培养与市场需求接轨，提升学生就业竞争力，云南省职业院校也在积极探索与企业的合作育人模式。合作育人模式不仅能使学生参与到实际生产环节中，提高动手能力，也能让学生充分利用企业平台将理论学习转化为实践成果。合作育人是提升校企合作能力、促进人才结构优化的途径。表 5－5 为云南省部分职业院校校企合作育人模式融合情况。

表 5－5　云南省部分职业院校校企合作育人模式融合情况

学校	合作企业	合作育人模式	具体融合情况
玉溪工业财贸学校	上海松下微波炉有限公司	采用劳动和教学相结合、产教交替的"3＋3"教学模式，即工读轮换制	玉溪工业财贸学校通过选定具体班级为松下公司的衔接班级。把学生每学期的学习时间分为两半，一半在校学习，一半去企业参与实际生产，每三个月进行一次轮换。 在学校教学中加强学生专业基础理论教学，保证学生掌握专业技术理论，同时加入大量的实训教学，尤其是在微波炉装配室中的技能培训，保证在工读轮换时的人才培养质量①。同时在企业参与实训期间，通过邀请松下的工程师进行手把手教学，保证学生掌握岗位技能，也解决了学生在院校中缺乏实用技能学习的需求
云南工程职业学院	浙江爱旭太阳能科技有限公司	顶岗实习	云南工程职业学院选派 51 名学生在该公司实习。鼓励学生们积极面对实习、考核，同时根据自身成长情况的方向估算福利待遇。 通过与企业沟通，了解目前太阳能科技发展前景是以 MES 系统和 MEMS 等采集的生产过程中的数据为学习样本，通过深度神经网络技术学习生产环节之间的内在关联，从而实现全局联控，提高生产线的良品率，减少产品质量波动，提高产品转换效率。其发展方向促使学校调整人才培养及专业建设方向

① 产教一体　校企共赢——玉溪工业财贸学校机电系校企合作项目案例[J]．中国培训，2013（05）：46.

续 表

学校	合作企业	合作育人模式	具体融合情况
云南经贸外事职业学院	昆明食惑餐饮管理有限公司	“联合招生、联合培养、定向就业”的技术技能人才培养机制	双方建立、探索“先生后徒、生徒同招”等灵活多样的招生招工一体化模式，构建“企业导向、能力渐进”的课程体系①。通过以真实的工作场景、真实的工作任务、真实的工作过程和真实的产品“四真实”为载体，全面实施“实景育人”和校企协同育人，以培养学生煎、炒、烹、炸、炖等基本技能为主线，使学生掌握并熟悉烹饪行业的全流程及其各环节的主要标准，提高学生专业技能和岗位适应能力
云南文化艺术职业学院	云南省滇剧院	现代学徒制	以学校企业双元育人、交替训导、岗位培养，学生学徒双重身份、工学交替、岗位成才为基本特征，做到学校企业共同研制招生与招工方案，共同研制人才培养方案、开发课程和教材，共同承担教学任务、开展教学研究，共同建立教学管理运行体系，实施管理，共同建立质量监控体系，实施考核评价等“五个共同”②

数据来源：云南省部分职业学院相关网站。

二、产学研供需融合

在产教融合、校企合作背景下，云南省职业院校尽量利用产业或行业资源，将教师的教学与实训相结合，使科学研究与产业发展相结合。这不仅能向企业提供高水平的科研成果，也可以满足职业院校在培养人才上的需求。

安宁职业教育基地是云南省最大的职业教育基地，目前已经入驻13所中等、高等职业院校，培养了一大批技术技能型人才。入驻安宁职教基地的云南经济管

---

① 汪洳，何汶纹，魏冉．云南经贸外事职业学院：校企合作树匠心 产教融合育匠人［N］．中国教育报，2018－06－07.

② 云南文化艺术职业学院．推进现代学徒制试点 完善校企合作深度融合［EB/OL］．http：//www.ynarts.cn/General/Content.aspx？ArticleID＝3433.

理学院，目前已经形成了“产学研用”的教育生态链，建有院士工作站1个，省级实验教学中心4个，省级教学名师工作室3个，建成205个实践教学基地，将专业调整、课程设置与市场、企业需求接轨，将行业标准融入专业标准，提升了应用型人才培养质量①。院校与企业合作开展科学研究，不仅能够提高院校中教师的实际教学与科研能力，提高学生的创新意识与实践能力，也能够提高企业高新技术研发水平，促进区域经济高质量发展。

三、实训基地供需融合

云南省目前中高职实训基地建设已经初具规模，初显其特色。教学条件是实践教学运行和实施的基础保障，也是学校基础建设的重要组成部分。因此，需要结合云南省产教融合、校企合作模式，针对目前实训基地建设情况，建设有区域经济特色的实训基地，提高实训基地供给质量。这里以曲靖农业学校和云南交通职业技术学院为例。

曲靖农业学校是一所综合性的国家级重点中等职业学校，该校与云南天鹰兄弟公司合作，成立了无人机产教融合实训基地。基地包括：安装维修车间、生产加工车间、原料成品库房、无人机展厅。在无人机产教融合实训基地，学生不仅可以学习飞机组装、维修、调试、飞行等知识，而且还能跟随基地员工到全省各地进行无人机飞防作业，大大地提高了学生的专业技术水平和社会实践能力，学生毕业即可独立开展工作②。校企合作建设实训基地能保证其高质量运行，能满足实用性人才培养需求。

云南交通职业技术学院是云南省首家国家示范性高等职业院校，也是国家汽车运用与维修类技能型紧缺人才培养基地。通过产教融合、协同创新，学院与省内外数十家知名物流运输企业建立了良好的合作关系。在专业建设、课程建设和实践教学等方面得到了企业的大力支持，为学生实训、实习和就业提供了良好的平台，同时也加强了实训基地建设。校企双方共同建设了客舱模拟实训室、CBT

---

① 李锦兰．安宁职教基地引领职业教育风向标［N］．云南经济日报，2019－04－04（12）．

② 数据来源：http：//mp. ofweek. com/uav/a945673727916.

实训室、飞机模型实训室、形体实训室、化妆实训室等实训室[①]，这大大地满足了教师教学的需要。同时，该校也与多家航空公司和机场合作，打造校外实习实训基地，为学生实习和就业提供了机会。

① 云南交通职业技术学院质量年度报告（2019）.

第六章　云南职业教育“产教融合、校企合作”的企业分析

第一节　云南职业教育“产教融合、校企合作”的企业供给分析

一、项目与资金支持

企业是一个经济实体，其目标是追求利益。企业也有社会责任，这可以使得企业从纯粹逐利的市场主体转变为多方力量制衡下的社会福利缔造者。政府应该引导企业关注自己的社会责任，鼓励行业龙头企业支持教育发展，积极参与到产教融合中来。高校可通过龙头企业的杰出校友，鼓励企业以独资、合资、合作等方式来参与产教融合，回馈学校，回馈教育。

职业院校和企业无论采用什么样的合作模式，其运行都离不开经费、设备、人员及政策法规的支持，而教育设备和教育经费部分是可由企业或者社会力量提供的。在产教融合、校企合作模式下，企业和学校双主体签订合作协议，企业可提供部分资金给学校作为合作培养人才的资金补助，可作为培养学生的资金，如学生补助、奖学金、科研创新补助，还有就是作为实训基地建设、教学设备采购的经费。

在云南省产教融合、校企合作实践中，有许多企业投入了资金和设备，参与到合作学校的人才培养中，为云南省培养了一批实用型人才（如表6-1所示）。

表6-1　云南省部分企业投入资金和设备的情况

企业	合作学校	投入资金	投入设备
北京广慧金通教育科技有限公司（民航业）	云南交通职业技术学院	300余万元的教学设备	民航客机模拟训练舱、CBT教学软件、213架世界各航空公司机模、国内四大航空公司机模（国航、南航、东航、海航主力机型）
云南雄风工贸集团有限公司（汽修）	云南机电职业技术学院	100万元	雪佛兰 Chevrolet、奔驰 S600、尼桑 Quest、奔驰、奔驰 S600V12（发动机）2台
广州南方测绘科技股份有限公司（测绘-工程）	玉溪农业职业技术学院	20万元	南方信息化测绘软件（CASS/iData数据工厂）
昆明钢铁控股有限公司（钢铁行业）	昆明工业职业技术学院	昆钢投资3.4亿元，建成可容纳学生1万人以上的新校区；昆钢设立了1000万元的“教育奖励金”和“贫困生助学金”；拨给昆明工业职业技术学院11557.20万元。	昆钢投资3.4亿元，建成可容纳学生1万人以上的新校区
云南云秀花卉有限公司	园林园艺学院	10余万元	花卉培养基地
云南傲农生物科技有限公司	云南农业职业技术学院	10余万元	100余名新生参与傲农训练营的培养训练。其中优秀学生除满足公司需求外，也满足了与公司有业务联系的其他中小型养殖场的人才需求

资料来源：2019年云南省企业参与职业教育年报。

在云南省职业院校与企业开展的合作实践中，部分院校和企业合作受资源有限、资金不足、合作深度所限，因此从专业看来，热门专业合作较多，冷门专业合作较少，这就导致总体效果并不理想。

二、提供实习基地

《国家教育事业发展“十三五”规划》中强调要推行校企一体化育人，推进“订单式”培养、工学交替培养，积极推动校企联合招生、联合培养的现代学徒制。要率先在大中型企业开展产教融合试点，推动行业企业与学校共建人才培养基地、技术创新基地、科技服务基地。要鼓励学校、行业、企业、科研机构、社会组织等组建职业教育集团，实现教育链和产业链有机融合。

政府要设立引导性资金，吸引职业院校与企业共建研发机构、经济实体及人才培养基地，企业和学校双主体要共同在学校建立实训基地，在企业设立实习基地，产教一体，理实结合，为培养优秀人才共同发力。

以北京中航联盟教育投资有限公司和云南机电职业技术学院共建实训基地为例。由北京中航联盟教育投资有限公司出资、学院提供场地，目前已完成波音737模拟机舱、形体房和化妆间实训室的内部装修和设施配备，并已投入使用。目前正在筹建的实训项目包括飞机模型陈列室。由校方投资建设地勤相关实训室，目前已进入招投标阶段。北京中航联盟教育投资有限公司为学院节约了约100万元的实训室建设和运行经费。同时，北京中航联盟教育投资有限公司负责派驻云南机电职业技术学院的企业师资费用。根据学校与中航联盟教育投资有限公司“2+1”的合作模式，2018年度秋季学期，2016级学生全部赴中航联盟密云基地进行顶岗实习，通过学习，学生基本掌握客运售票、空乘服务、航空地面服务、机场安检、航空货运服务等工作的上岗要求。与此同时，中航联盟还为2016级学生提供了考取国家安检资格证的学习机会①。昆钢产业遍布云南省16个州市及省外、国外，形成了现代物流电商产业、新材料产业、节能环保产业、先进装备制造产业、现代服务业、大健康产业六大产业板块。昆钢所属的190多个二级企业单位都是云南机电职业技术学院的实习实训基地，和学院签约的校外

① 2019年云南省企业参与职业教育年报.

实训基地有 64 个，学院人才培养方案中实践教学执行率达 100%[①]。

从云南省职业院校与企业共建实训基地的情况来看，部分院校的实训基地还存在设备老旧、短缺，学生对实训的认识不足，实训场地狭小和实训机械跟不上等问题。这就需要企业加强与学校的合作，参与院校实训基地建设，为职业院校学生提供实习基地和实训设备。

三、提供“双师型”队伍建设

当代职业教育发展过程中，企业和学校作为产教融合、校企合作的双主体，一方面，企业需要不断培养员工，以员工培训、员工深造等方式为企业自身提供高质量、紧跟时代发展的人才，这就需要有合适的环境和地点为企业开展员工培训；另一方面，学校也需要了解市场和企业需要的人才动向，所以学校需要配备一支既掌握专业理论知识又了解市场需求的“双师型”教师队伍。

在云南省的实践中，多数企业都派遣过员工到学校去参与课程教学，也接收过学校教师到企业参与实践活动和产品研发。其中，昆钢拥有 7000 余名工程技术人员和 3000 余名技师、高级技师，具备稳定的承担专业课程教学和实践教学的兼职教师队伍[②]。每年平均有 100～150 位昆钢的专家、一线技术人员、能工巧匠被学校聘为特聘教授、兼职教师、学生师傅，充分发挥了这些人在行业领域里的特长，在学校的教学、专业建设、课程开发等诸多方面发挥了重要作用，为云南职业教育打造了一支专兼结合的优秀的“双师型”教师队伍。

当然，在云南省部分职业院校中，还存在“双师型”教师比例达不到国家要求的情况，许多职业院校都存在着教师稳定性不足的问题，能够在校进行长期任教的教师数量较少。所以，在产教融合、校企合作中，企业应发挥自身主体优势，主动派遣有经验的员工到学校参与课程设计并开展教学，为企业和社会培养符合市场需求的人才，为职业院校提供稳定高质量的兼职教师队伍，加强职业院校“双师型”队伍建设。

在云南产教融合、校企合作实践中，虽有企业派遣员工参与职业院校教学，

---

① 2019 年云南省企业参与职业教育年报.

② 2019 年云南省企业参与职业教育年报.

但因企业员工自身特性，存在操作水平较高但教学水平较低，不能很好地胜任职业院校教学工作的情况。在这种情况下，企业应加强员工培训体系建设，加深与职业院校的合作，增强企业员工的教学能力，加快对“双师型”教师的培养。

四、提供就业机会和就业岗位

学生就业推荐是学校与企业之间建立最早、形式最普遍的合作模式。根据学校与企业的合作协议，学生通过自主择业、双向选择实现就业。学校与各级各类用人企业形成良好的供求关系，可以拓宽学生就业渠道，建立学校与企业之间、学生与企业之间的良好关系，积极为毕业生创造就业机会，保证毕业生学有所用、学有所为。

近两年云南省职业院校毕业生就业率基本都在90%以上。其中，2017年中职学生就业率达到92.26%，2018年上升到96.29%；但就业对口率较低，2017年仅69.68%，2018年也仅仅上升了一点儿，达到76.65%。这也对校企双主体提出了更多的要求。从企业层面上看，这就要求企业加强市场信息公开力度，完善信息公布机制，使职业院校能够更好、更快、更准确地掌握就业信息和就业机会。

第二节　云南职业教育“产教融合、校企合作”的企业需求分析

一、企业的内在需求分析

企业是以经济利益为目标的经济组织，其核心利益是生存。企业得以存在的前提条件和根本需要是盈利和发展，而企业盈利和发展需要依赖于外部资源。企业的本质是追求利益最大化。在企业发展的不同阶段，需求也是不同的。1989年，美国爱迪思研究所创始人伊查克·爱迪思博士提出了企业生命周期理论，他认为企业生命周期是指企业从创办开始，到其消亡为止所经历的自然时间，包括初创期、成长期、成熟期和衰退期4个阶段。根据企业生命周期理论，在企业发

展的各个阶段，企业特征和需求是不一样的。

其一，在企业发展的初创阶段，大多为中小型企业，生产规模较小，抗风险能力较弱，所以企业注重基础需求。而在产教融合、校企合作中，这种企业可以依赖政府和政策支持，得到一些税收减免、专项拨款、风险补贴等政策和资本支持①，从而促使企业加入到产教融合、校企合作中来。

其二，处于成长阶段的企业，发展快速，实力增强。在这一阶段中，企业更加追求规模效应。通过产教融合、校企合作模式，企业可以利用这一平台从学校获得一定的技术支持，从而降低经营成本、补足短板、提高生产效益，在合作过程中促进科研成果转化为企业的现实生产力②，促进企业获得较大的长远利益和可持续发展。

其三，处于成熟阶段的企业，有较多的资金储备，营利能力较强，但发展速度开始逐渐减慢。企业参与产教融合、校企合作也是为了发展需要。在合作中，企业一方面可以避免与其他企业一起卷入人才争夺战，另一方面定点合作培养还能提高人才在企业中的使用率，降低人才流失率。

其四，处于衰退期的企业，因各种原因（如经营不善、资金不足、技术研发跟不上市场需求等）走向衰败。在此情况下，企业的现实需求是生存需求。产教融合、校企合作为它提供了一个机会。

2015 年，由于行业产能过剩及企业自身包袱沉重、结构失衡，昆钢巨亏 35 亿，生存面临严重困境。2016 年，昆钢通过淘汰落后产能、创新体制机制、推动结构调整和产业转型升级等举措，实施以“两大项目、三大基地”为核心的转型发展战略，当年即减亏至 4 亿元。2017 年，昆钢扭亏为盈，实现收入 933 亿元，利润 10. 15 亿元。2018 年 1 至 11 月，昆钢实现收入 920 亿元，利润 13. 6 亿元③。

2018 年，云南盈同工程技术有限公司为寻求自身发展、提高企业的自主创

---

① 林丽超，陈兴明．如何激发企业产教融合的内生动力［J］．中国高校科技，2019（07）：71 – 74.

② 林丽超，陈兴明．如何激发企业产教融合的内生动力［J］．中国高校科技，2019（07）：71 – 74.

③ 2019 年云南省企业参与职业教育年报．

新能力，与云南水利水电职业技术学院签订了产学研合作框架协议①。学校为公司提供技术支持，促进传统产业改造和高新技术产业发展；帮助公司解决产业优化中制约产业发展的关键技术、共性技术以及企业的具体技术工艺问题，把技术成果优先提供给公司进行成果转化和产业化；协助公司做好企业人才培养、技术咨询、技术培训和职业技能鉴定工作；为公司优先推荐优秀的毕业生和企业急需人才。

从企业发展阶段看，在企业的各个阶段都有自身的内在需求。这些需求可以促使企业参与到产教融合、校企合作中来，在合作平台中找到适合自身发展需求的各种资源。

二、企业的创新需求分析

经济新常态的一个特征是增长动力由要素驱动向创新驱动转换。2018 年，习近平总书记在中共中央政治局第九次集体学习时强调，我们必须增强忧患意识，紧紧抓住和用好新一轮科技革命和产业变革的机遇，不能等待、不能观望、不能懈怠。随着我国劳动力、资源、土地等价格上涨，过去依靠要素低成本驱动的经济发展方式已难以为继，必须把发展动力转换到科技创新上来。新常态下，经济增长速度就可能会放缓。为实施创新驱动战略，需为结构调整腾出空间、留出时间。

实施创新发展战略，对于企业的具体要求是要把握人才。企业的成功很大程度上来源于创新，创新已经成为构建企业核心竞争力的主要因素，成为推动企业可持续发展的根本动力。企业必须在创新实践中发现人才、在创新活动中培育人才、在创新事业中凝聚人才，必须大力培养和造就规模宏大、结构合理、素质优良的创新型科技人才。在产教融合、校企合作中，企业可以获得稀缺的人力资源。

在云南省的创新实践中，有许多企业与职业院校合作促进各自创新发展、取得良好经济效益的实例。昆明本朴文化传播有限公司、昆明蔻谱文化传播有限公司、华诚博远建筑规划设计有限公司云南分公司、瑞丽市荣丰现代装潢有限责任

① 2019 中国高等职业教育质量年度报告.

公司、云南优创商业营运管理有限公司、云南国业联合创业产业有限公司六家企业与云南文化艺术职业学院共同创建大学生创新创业平台，一方面，促进了学生创新性发展，为企业培养了一批敢于创新的技能型人才；另一方面，为企业的创新发展战略提供了发展思路。校企技术研发合作有助于拓宽校企合作渠道、拓宽学校服务企业的领域、推进课程建设。云南云秀花卉有限公司重视创新发展能力建设，本着“科技立企、创新强企”的宗旨，成立了技术研发团队，围绕月季鲜切花产业发展、病虫害防治措施、鲜切花深加工技术等建立研究项目，探索大学生创新创业路径，并建立人才合作培养与访问交流机制。学校教师参与到项目中，让教学科研成果转化为企业生产应用，取得了良好的效益。

但在云南省的企业发展中，还存在创新性人才不足、创新成果较少等问题，企业发展因此受限，市场对于创新性人才需求较大。在当下，许多云南省企业面临转型升级的需要，对创新型人才的需求较大，这也激发了企业自主参与产教融合、校企合作的热情。

在产教融合、校企合作模式下，企业的创新发展空间可以取得如下拓展：其一是可以在学科与专业设置上增加与企业人才需求的耦合度。其二是可有效整合内外部研发资源，通过产教融合、校企合作平台，利用高校人才、设备、技术、社会服务来促进自身发展；利用学校的科研技术和科研设备、科研成果来进行产品研发，努力在重大关键技术上取得突破。其三是企业创新性发展对人才要求较高，产教融合、校企合作能为企业培养自身所需的高技能应用型人才，这类员工为企业发展提供了动力源，促进了企业的创新性发展。

三、企业的用工需求分析

党的十八大以来，云南省积极探索产业转型的发展方向及路径，虽然云南省正在积极地引入如“新能源汽车”“芯片制造”等高附加值产业，但现阶段产业布局的重心依然围绕着原有的烟草、矿产、能源、旅游文化、生物资源五大支柱产业。2017 年云南省的产业布局已经趋于合理化，形成了以二三产业为主、第一产业为辅的现代化产业布局。但相对于全国水平而言，依然存在着一定的差距。2017 年全国的一二三产业占比为 8∶40∶52，但云南省的一二三产业比例为 14∶38∶49，云南省的第一产业比重近乎是全国平均水平的两倍。云南省的第一产业只占全国第一产业的3.6%。

云南省的第一产业没有形成规模生产，缺少引领产业发展的龙头企业。同时，第二产业因多种因素也缺少现代化大型企业，第三产业的发展程度也因一二产业发展的限制受到了影响。

云南省的烟草、汽车、民航、花卉、生物资源、钢铁等众多行业发展较快，形成了诸如烟草集团、鲜花交易市场等产业链和企业群，也形成了诸如烟草相关专业、汽修专业、空乘专业、冶金专业、电气专业、机械专业、交通运输专业、建筑工程专业、经济管理专业、计算机信息专业等各个职业学校相关特色专业。虽然云南省各高等职业院校所开设的专业在专业大类上涵盖了云南省的大部分行业，但是职业院校中的热门专业却与云南省新兴的行业发展之间存在一定的错位，仍面临专业市场人才需求数量和质量的挑战。

对于企业而言，在未参与产教融合、校企合作之前，对于职业型技能人才的需求主要从校招或者社会招聘中获取，再经过在企业中进行技能培养，使之成为企业需要的职工。校招或者社招的人才质量不确定性太大，且招聘成本较高，质量难以掌控。而在产教融合、校企合作中，企业可以通过利用高校的人才、设备、技术、社会服务等来满足内在的需求。

目前，存在企业招不到人、毕业生就业率低的现象，其主要原因就是有的学生不能正确评估自身能力，眼高手低，不愿到基层，企业在就业市场也很难找到符合自身需求的人才。通过校企合作，既促进了学生与岗位之间的无缝对接，也使企业降低了培训员工的成本。云南鸿翔一心堂旗下的全资子公司直营连锁门店已达5507家，人力资源是企业市场得以迅速拓展并有序发展的必备要素之一，通过产教融合的人才培养模式，为企业培养输送了一大批实用型技术型人才。

第三节　云南职业教育“产教融合、校企合作”的企业供需融合分析

一、校企共同发力，开展订单式人才培养

国家教育事业发展“十三五”规划中提到，要推行校企一体化育人，推进“订单式”培养、工学交替培养，积极推动校企联合招生、联合培养的现代学徒制；要率先在大中型企业开展产教融合试点，推动行业企业与学校共建人才培养基地、技术创新基地、科技服务基地；要鼓励学校、行业、企业、科研机构、社会组织等组建职业教育集团，实现教育链和产业链有机融合。在云南省的实践中，校企双主体开展了订单式培养“2+1”教学模式、顶岗实习，在教学目标、培养体系、专业设置上进行了合作，既满足了企业对专业人才的需求，又使企业为学校提供了实习基地和实习场所，是云南省产教融合、校企合作实践中合作式融合模式比较典型的经验。

二、校企政府合作开展工学结合、理实一体的现代学徒制培养模式

昆钢集团与云南工业职业技术学院合作办学以来，共同签订合约开展现代学徒制培养模式，对学生进行校外导师加校内导师双导师制联合培养。在这类合作模式下，企业为满足自身对于人才的特殊需求，为学校提供了实习和就业岗位。云南雄风工贸集团有限公司与云南机电职业技术学院共同开办汽修现代学徒制培养班，班级共50人，分为5组，每组校内导师1名，企业导师1名。双导师团队中，2/3为专业“双师型”教师，1/3负责公共课、基础课、兴趣课培训。企业导师团队中，1/3为专职培训师，2/3为岗位师傅。这两个企业的经验都值得学习。

三、集团办学，共建实训基地

昆钢产业遍布云南省16个州市及省外、国外，形成了现代物流电商产业、

新材料产业、节能环保产业、先进装备制造产业、现代服务业、大健康产业六大产业板块。昆钢所属的190多个二级企业单位都是学校的实习实训基地，其中和学校签约的校外实训基地有64个，人才培养方案中实践教学执行率达100%。企校共建的特色实训基地有钢铁冶金特色实训基地（武钢集团昆钢股份公司技术中心）、节能环保特色实训基地（云南昆钢天朗节能环保有限公司）、信息化产业实训基地（云南昆钢电子信息科技有限公司）三个[①]。昆钢在2015年因产业面临转型升级问题出现亏损欠债，在国家政策、职业教育政策、行业政策的积极推动下，在满足行业发展需求和企业转型需求的基础上，昆钢集团联合云南工业职业技术学院共同建立了云南工业职业教育集团。集团为学校提供了经验丰富、技术过硬的教师资源，集团投资为学校建立了能容纳13000人的新校区，为学校提供了大量实训基地和实习场所，为社会和集团培养了一批高素质高技能的实用型人才。

云南林业职业技术学院与新道科技股份有限公司的校企合作始于2006年。在合作的十几年间，为培养合适的人才，学院与新道科技通过共建“新道产业学院”，联合培养“云财务会计师”，校企优势互补，创新合作模式，共同培养了一批复合型创新型的财会人才[②]。另外，双方还共同建立了多个实训中心和教学平台，建立了创新创业教育与经济管理实训中心。

---

① 2019年高等职业教育发展年报.

② 2019年高等职业教育发展年报.

第七章　深化云南职业教育“产教融合、校企合作”改革的建议

从云南职业教育产教融合实施的现状来看，产教融合、校企合作仍然存在人才培养供需不平衡、经费保障不足、制度设计不完善、政府缺乏主导地位、社会环境构建和职业院校建设不完善等问题。根据目标要求，基于职业教育过程中政府、企业、学校、学生等多主体协同合作的职业教育人才培养模式，我们分别从政策完善、实现机制、政府职能转变、环境营造方面开展研究，并提出建议。

第一节　营造云南职业教育“产教融合、校企合作”的社会环境

一、优化人文环境

云南省教育厅、省发展改革委、省人民政府新闻办公室根据各自职责，切实开展云南职业教育“产教融合、校企合作”改革的宣传工作，提升了云南职业教育的舆论关注度。各级党委、政府为了提升职业教育的社会地位，优化多元主体的沟通交流机制、利益协调机制等，引导和鼓励企业行业、职业院校主动承担社会责任，推动现代学徒制试点顺利开展。对于合作良好的企业，政府应该进行宣传表彰。

其一是企业和职业院校利用实训基地、高科技仿真情景和多媒体教室等方式提升学生的职业意识和职业能力。其二是让企业文化符号进驻校园，建构出情景化公司管理模式，让学生在日常的教学中加深对企业认识并增强职业认同感。其三是让专业文化进公寓，工匠精神建设入宿舍。扬州工业职业技术学院将企业文

化和专业文化渗透到高职人才培养过程中，倾力打造学生公寓专业文化长廊，将企业文化、行业精神与专业知识紧密结合，将环境育人、文化育人、细节育人结合①。

二、营造法制环境

通过增强职业教育法律法规和政府主导的管理体制，营造制度环境。立法是产教融合的保障，建议加强以法律为基础的强制力，修订《职业教育法》，增强《职业教育法》的法律约束力②。云南各级政府机关应完善关于产教融合、校企合作的政策体系，形成政府主导的管理体制，通过财税优惠政策、用地优惠政策、金融优惠政策，形成以行业主导、政府引导为原则的职业教育产教融合，更好地发挥政府作用，激发企业和职业院校参与产教融合、校企合作的意愿，优化产教融合、校企合作的发展环境。

依法维护产教融合、校企合作利益相关者的合法权益，保障学生、教师、科研院所、企业在深化产教融合过程中发明创造、技术攻坚创新、科研成果转换过程中涉及的知识产权，包括专利权、商标权、版权（著作权）等。

三、优化服务环境

政府设立服务于产教融合、校企合作的机构，依据职业教育产教融合、校企合作发展规划来制定各机构的工作任务。依据云南职业教育产教融合、校企合作机构的工作任务，确立行业企业执行政府分配的工作任务的流程，明确条件，设计行业企业参与职业教育产教融合、校企合作的保障与反馈体系，帮助其在执行过程中不断优化工作流程，实现政府资源与信息利用的最大化，促进校企紧密联结。充分调动企业参与产教融合的积极性和主动性，强化政策引导，鼓励先行先试，促进供需对接和流程再造，构建校企合作长效机制。云南职业院校也在探索相应的合作育人模式，促进人才的供需融合。

---

① 江苏省高等职业教育质量年度报告（2018）.

② 李玉珠．我国产教融合发展的制度环境及优化研究[J]．职教论坛，2018（08）：33－38.

第二节　优化云南职业教育“产教融合、校企合作”中的政府职能

为了实现职业教育深化“产教融合、校企合作”的改革目标和任务，政府作为深化产教融合、校企合作的主体要素之一，影响极大，要尽快解决深化产教融合、校企合作过程中存在的问题，这就需要政府在职业教育产教融合、校企合作办学的过程中，充当元治理的角色，引领职业院校和行业企业协同发展，解决政府职能在这个过程中出现的缺位问题，实现职业教育产教融合、校企合作的协同治理。

一、明确政府职能地位

（一）配套公共设施和服务

其一，构建产教融合、校企合作的公共信息网络平台。政府应以高水平的服务质量调动各类企业参与产教融合、校企合作的积极性。平台应包括四种职能：一是政府提供产教融合、校企合作的服务；二是企业发布人才需求的信息；三是政府发布地方产业发展趋势的信息；四是方便企业与学校的交流。

其二，建立产教融合、校企合作资源库。政府通过公开的方式（如招标）遴选出企业的动态数据库，向职业院校开放。职业院校和企业可以根据自身的需要进行自由地选择，选择成功的由政府给予相应的荣誉和认证。政府对企业的实习生管理、培养进行考核，建立实习企业的奖励、问责和退出机制①。

其三，政府应健全对企业的审核制度。政府应健全遴选制度，保证企业能够承担起产教融合、校企合作办学的社会责任。职业院校和企业要找到在产教融合、校企合作办学过程中的利益结合点。为此，选择合适的企业参与产教融合、校企合作办学发展就显得尤为重要。政府应该制定相应的参与制度与规则：一是

---

① 屈潇潇．职业院校校企合作中的政府角色与定位[J]．中国职业技术教育，2016（03）：65－67.

参与产教融合、校企合作的企业要具备一定的发展规模和影响力；二是企业所需岗位与职业院校培养的学生专业需要高度一致；三是首选有合作经验的企业，因为有合作基础①。

（二）强化政策供给服务

1. 配套政策的供给

配合《云南职业教育条例》的实施，应出台一系列产教融合、校企合作的配套政策。同时，对企业的用工制度进行合理的规范，为参与产教融合、校企合作的学生提供一个健康的实习环境和人性化的管理模式，进而促进产教融合、校企合作的可持续发展。

2. 激励措施

企业与职业院校之间进行合作对接原本是市场自发的行为，但要在社会上形成企业愿意参与高职教育的浓厚氛围，政府必须要有鲜明的政策导向，积极鼓励企业关注和支持职业教育。目前仍有一些企业对于职业教育不太支持，政府可以出台免税政策，对与职业院校进行产教融合、校企合作，向职业院校教师培训、学生顶岗实习提供机会的企业免税。根据云南的实际情况，可以让省级教育、财政、税收等部门联合出台有关政策。企业在职业院校人才培养过程中需为学生建立实习和实训基地，政府应当按照公益事业的相关政策，让企业享受相关税收优惠。企业给予职业院校的一些捐赠支出，可以对其在所得税方面予以优惠。另外，在产教融合、校企合作中，双方在研制新技术、新工艺时产生的研究开发费用，可享受企业所得税优惠政策。此外，设立专项资金用于企业高级技术人员定期到职业院校从教的津贴，鼓励企业技术人员参与职业教育。

二、优化政府内部管理机制

政府通常以公共权力为手段处理公共事务。政府管理机制涉及组织架构的设置、管理权限等。科学合理的管理机制是有效发挥政府功能的保障，是构建有效政府的关键性因素。政府是产教融合、校企合作的引导者。优化政府内部管理机制，

---

① 刘晓，等. 职业教育中的校企合作：行为机制、治理模式与制度创新［M］. 杭州：浙江大学出版社，2019.

能提升政府履职能力，从而更好地促进产教融合、校企合作模式的有效运行。

（一）健全产教融合、校企合作的领导机构

在宏观层面，应建立以教育、产业、发改、人社、财政等政府部门为核心，行业组织、大中型企业、学术机构、职业院校等共同协作的省级职业教育产教融合、校企合作的指导委员会；应建立以教育、产业、发改、人社、财政等政府部门为核心，行业组织、区域主导企业、职业院校等共同协作的市县级职业教育产教融合、校企合作的管理委员会。在微观层面，应建立由各职业院校与企业共同参与的职业院校产教融合、校企合作指导委员会。各级职业教育产教融合、校企合作指导机构主要负责产教融合、校企合作的实施，对产教融合、校企合作进行统筹规划、资源调配、经费管理、督导评价等工作，协调解决产教融合、校企合作的各种实际困难。

（二）明确组织目标和权责分配

首先，政府各部门要统一思想认识，明确产教融合、校企合作发展的目的，以企业产业的需求作为工作重点，认清产教融合、校企合作办学面临的规划定位、项目审批、资金分配等方面的问题。整理产教融合、校企合作所需要的项目，积极争取上级各项资金支持。其次，要明确职责。政府在引导产教融合、校企合作办学中，要明确各部门、各岗位的职责，确定职责的归属对象，做到职责分明。确定各层级、部门组织的权责分配，做到权责一致。

三、多渠道筹集资金

《云南职业教育条例》第十八条规定明确指出："职业教育经费采取财政拨款，行业、企业事业组织和用人单位合理承担，办学者自筹，收取学杂费，勤工俭学和校办产业收入，社会资助和捐赠以及金融贷款等多种渠道筹集。"

（一）设立产教融合、校企合作专项基金

产教融合、校企合作的专项基金来源，由财政经常性补助收入、学费收入、中央地方财政专项收入、其他收入及社会捐赠等渠道筹集。这笔专项资金主要专款专用于以下方面：一是职业院校"双师型"教师的培训、开发实训中心的建设和运行维护费用等；二是产教融合、校企合作的课程开发调整的费用；三是定

向企业在校企合作学员实训时发生的企业场地设备物耗和能耗等运作费用，以及开展相关评估、评审等费用。

（二）构建 PPP 形式项目公司

政府通过制定并实施职业教育产教融合的法律法规，解决职业教育产教融合市场失灵的问题，为产教融合、校企合作办学提供良好的外部环境，同时也发挥职业教育促进社会公平的作用。政府可以采用公私合营模式，鼓励国内具备资格参加各类产教融合模式的企业以多种方式参与产教融合的基础平台建设。政府可以通过相应的平台结合社会资本建设 PPP 项目公司，政府根据 PPP 项目公司的发展制定一些税收优惠、财政补贴、银行贷款等优惠政策，鼓励企业进行投资与运营，盈利合理分配。这样可以弥补政府财政资金压力较大的问题，同时优化政府财政收支结构，解决产教融合、校企合作办学等财政投入不足的问题。

四、提高协同治理主体的积极性

（一）提高地方政府参与的积极性

通过实地调研发现，地方政府参与产教融合、校企合作的积极性不高，产教融合、校企合作的实施遇到很多因素的制约。目前，云南职业教育产教融合、校企合作的管理者仍然是政府，可持续发展也要依靠政府。然而，许多地方政府在思想上没有意识到产教融合、校企合作的重要性，导致产教融合、校企合作的成绩并不理想。要推动产教融合、校企合作的有效运行，政府的推动力和主导性能够激发企业和学校的参与积极性。为此，地方政府应积极促进职业教育产教融合、校企合作的办学模式。

（二）提高职业院校参与产教融合、校企合作的积极性

职业教育是教育的重要组成部分，与普通教育具有同等重要的地位。在产教融合、校企合作中，政府应根据市场的需求，合理匹配职业院校和企业的合作。政府应督促职业院校积极参与产教融合、校企合作，对教学内容和专业设置进行调整，提高人才的培养质量。

（三）提高企业参与产教融合、校企合作的积极性

企业是职业教育产教融合、校企合作的直接参与者，企业为产教融合、校企

合作提供实训基地和专业培训师资。但是，目前来看，云南的企业参与校企合作的积极性不高。为此，地方政府应该建立良好的合作机制，给予企业税收优惠及财政补助，为企业营造良好的产教融合、校企合作环境。

五、构建多元主体协同的政府职能运作机制

协同治理是我国社会经济转型和社会力量成长对政府治理的内在要求。在职业教育产教融合、校企合作中，企业、职业院校、政府、第三方组织等都是产教融合、校企合作的治理主体。协同治理包括四大机制：沟通交流机制、激励机制、利益协调机制、监督机制。

（一）重视多元主体的沟通交流机制

沟通交流机制是指主体在协商决策过程中能相互交换意见、达成共识并统一行动。具体而言，政府是沟通交流平台的提供者。沟通交流的途径具体包括各种论坛、会议、座谈、沙龙等，根据协作主体的需要而举行，既有制度化的，也有临时性的。组织是沟通的中介，学校、企业、家长及学生等通过一定的组织形式，如各级行政机构、行业协会、商会、学会、家长委员会、学代会等来表达利益主张和政策建议。但是，目前各类社会组织发展较滞后、行政组织又较僵化，利益组织化表达的效率是十分低下的。

（二）完善多元主体的激励机制

政府作为激励机制的主体，其功能是制定激励政策，其目的是激发企业、职业院校积极参与产教融合、校企合作。政府的激励可以分为物质层面和精神层面：物质层面主要是指经济手段，诸如税收政策制定等；精神层面是指政府要宣传营造有利的氛围，鼓励各类主体参与产教融合、校企合作。

（三）构建多元主体的利益协调机制

利益协调是指协调企业和职业院校之间的利益。在协同治理过程中，各主体地位是民主平等的，所以政府能够对利益冲突进行仲裁与平衡，协调企业与职业院校间的利益冲突。

（四）健全多元主体的监督机制

监督是指对产教融合、校企合作实施情况的检查和对协同效果进行评价。独

立、有力、有效的监督系统是现代化科学管理体制的重要组成部分。云南地方政府应联合教育、人社、工商、税务、质监、总工会等多个部门，加强对产教融合、校企合作的实施过程开展监督评估，重点检查对于职业教育产教融合、校企合作相关政策法规的执行情况。评估和测评的结果应当以公文形式发布，进一步督促提升职业教育产教融合、校企合作的绩效水平。

第三节　完善云南职业教育“产教融合、校企合作”的政策支持

纵观云南职业教育“产教融合、校企合作”的政策演进，可以发现其呈现为三个层次。下文就从宏观、中观、微观三个层次来考察产教融合、校企合作的政策体系（详见表7－1）。

表7－1　产教融合、校企合作政策体系①

分析层面	问题域		
	内涵	主体	制度
宏观	①职业教育与社会发展同步规划 ②专业设置与产业需求对接、职业教育与终身学习对接、课程内容与职业标准对接、毕业证书与资格证书对接	国家和中央政府	①法律法规制度 ②质量管理制度 ③人才培养模式创新 ④技能竞赛制度 ⑤统筹督导制度 ⑥校企合作制度 ⑦教师专业发展制度与企业师傅制度 ⑧合同制度

① 刘其晴．职业教育产教融合的几个关键问题［J］．四川职业技术学院学报，2018，28（04）：126－131.

续 表

分析层面	问题域		
	内涵	主体	制度
中观	教学过程与生产过程对接	地方政府、企业、职业院校、行业组织	①校企合作制度（常态化） ②对话协调制度（企业、政府、学校、行业组织） ③实习实训制度 ④企业培训管理制度
微观	教学过程与生产过程对接	教师、学生或者学徒、企业雇主、企业师傅	①技能考试制度 ②教师考核制度 ③学生（学徒）管理制度 ④企业师傅考核制度

要完善云南省职业教育法规制度体系，实现云南职业教育产教融合、校企合作制度常态化，需要从以下几个方面入手。其一，省级层面形成产教融合、校企合作地方性法规。云南省政府和省人民代表大会依据《中华人民共和国职业教育法》《中华人民共和国教育法》《中华人民共和国劳动法》等相关法律要尽快出台关于产教融合、校企合作的规章和地方性法规，为云南职业教育“产教融合、校企合作”提供有针对性的制度保障。要在地方性法规和规章中明确行业企业、学校和政府举办或参与职业教育的权利、责任和义务等。对于政府子系统来说，要明确哪些部门应该来具体推进，各部门之间如何分工，明确在职业教育产教融合、校企合作中各项经费投入的比例与方式，哪些部门来开展相应的监督评估。对于学校与企业子系统来说，在人才培养、专业与课程设置、教学工作以及职业教育集团、实训基地建设和职教园区建设中，不同系统之间的权利与义务在政策中都应该有所体现。对于行业系统而言，行业协会应履行制订行业发展计划以及提供行业信息的义务，同时也要为职业教育提供相应建议的权利。要对校企合作涉及的各方主体的利益协调机制、资金、物资和成果分配等方面提出具体的可操作性规范，依法落实各个主体的地位，从而为依法开展云南省校企合作、产教融合提供法律保障。其二，完善职业教育产教融合、校企合作培训制度。云南省政府和省人大要从培训内容、培训质量、师资考核管理、技能考核管理和经费管理

等方面完善政策支持。对于学校主体，应完善教师考核制度、技能考核制度，提高实训教师师资队伍的整体素质。对于企业主体，应运用激励机制完善企业培训管理制度、企业师傅考核制度和惩罚制度、技能考试制度，全面加强企业职工岗位技能提升培训，发挥企业在深化产教融合、校企合作和构建终身职业教育培训体系中的主体地位。其三，完善产教融合、校企合作过程中的劳动安全保障体系，进一步规范实习组织、实习管理和实习安全。云南省要贯彻落实《职业学校学生实习管理》，建立健全学生实习实训制度和实习责任保险制度。

资金扶持政策。云南省政府、省教育厅、省财政厅应出台深化产教融合、校企合作的政策法规体系，完善财政税收用地等优惠政策体系，激发企业和职业院校“合作育人、协调发展”的内生动力。遵循企业发展周期理论，根据企业不同发展阶段表现出的不同需求为企业提供税收减免、专项拨款、风险补贴等税收优惠政策和资本支持。财税政策要推动职业院校、科研院所研发团队的创新成果转换，激活企业与职业院校合作的内生动力。

2019 年 4 月发布的《云南省人民政府办公厅关于进一步调整优化结构提高教育经费使用效益的实施意见》指出：“着力补齐教育发展短板。……要加大对普通高中办学条件的改善力度，逐步提高中职学校和高职院校生均财政拨款水平，完善政府、行业、企业及其他社会力量依法筹集经费的机制，鼓励企业举办职业教育，深化产教融合、校企合作。”此政策为职业教育产教融合、校企合作提供了经费保障。

配套保障政策。通过完善企业参与职业教育的相关保障措施，如前面说过的通过建立专项资金来给予企业参与职业教育的机会，或者将企业参与职业教育的情况考虑到相应评价的指标中，来对企业进行产教融合、校企合作情况的考核，根据考核情况的优劣来对相关企业进行评级。特别是在职业教育集团以及职业教育园区建立的过程中，要明确不同主体之间的责任，在如何投入、如何使用、如何运行方面都应该做出相应规定，这样才能保证不同主体的投入。可以通过效仿建立人才专项经费“重点扶持技工院校和公共实训鉴定基地建设”[①] 的方式，建

① 律商网．关于印发“云南省高技能人才队伍建设中长期规划（2010－2020）”的通知［EB/OL］．https：//hk. lexiscn. com/law/law－chinese－1－1732776. html.

立校企合作专项基金，专门针对参与校企合作的企业进行专项补贴与奖励，这样不仅可以减轻企业的经济负担，还可以更加实际地激励企业积极地参与到校企合作中来。在云南职业教育产教融合、校企合作的控制措施上，需要从两个方面来健全与完善：一是明确相关控制措施；二是加强外部监督。一些控制措施只在其内部有效，存在一定的片面性，因此在政府方面应该强化其监督与评估的作用，可以通过打造产教融合信息服务平台，支持第三方机构开展产教融合效能评价，研究评估考核办法，健全统计评价体系，定期组织进行评估和督导，定期公布相关评估结果，强化监测评价结果并以此作为表彰奖励的重要依据①。

建立政府、企业、学校、行业组织四位一体的对话协调制度。这就需要打造生产与教育资源互促互助的服务平台，形成人力资源供给侧与需求侧的信息交流机制，寻找产业系统与教育系统的利益共同点②。

第四节　云南职业教育深化“产教融合、校企合作”改革的实现机制

通过对云南职业教育产教融合、校企合作现存问题及其产生原因的分析，可以发现造成当前云南职业教育产教融合、校企合作难以长期稳定开展的重要原因在于缺乏实现机制。为解决当前云南职业教育产教融合、校企合作发展过程中存在的问题，需优化云南职业教育产教融合、校企合作的实现机制。

产教融合、校企合作的实现机制是政府、行业企业和职业院校等利益参与者相互协调作用的过程，包括各个参与者自身的因素、彼此的相互作用和外界因素对其的影响三个方面。笔者从权责关系、职能分配以及运行方式三个方面入手，结合机制设计的六要素，尝试优化云南职业教育产教融合、校企合作的实现机制。

---

① 李永生．政府在深化产教融合中要扮好五大角色［N］．人民政协报，2018－10－31.

② 庄西真．产教融合的内在矛盾与解决策略［J］．中国高教研究，2018（09）：81－86.

一、建立明确的“产教融合、校企合作”的权责体系

权责关系指职业教育产教融合、校企合作过程中，各参与主体享有的权利、应履行的责任以及二者之间的关系。笔者依据行业企业和学校的性质将其分成经济责任和社会责任两个层面。

（一）职业教育产教融合、校企合作参与主体的权利

1. 政府的权利

政府是职业教育产教融合、校企合作的主要领导者，引领着职业教育产教融合、校企合作的发展。职业教育作为教育的重要组成部分，关系到国家科教兴国和人才强国战略的贯彻落实。政府作为国家的行政管理机关，依法享有组织、管理、监督和指挥职业教育发展的权利。在推动职业教育产教融合、校企合作发展的过程中，政府享有支配权、强制权和奖赏权三种权利，即政府可以支配职业教育产教融合、校企合作的资源与信息，强制行业企业和职业院校参与到职业教育产教融合、校企合作的过程之中，并对行业企业和职业院校参与职业教育产教融合、校企合作的情况制定奖励或惩罚措施。

2. 行业企业的权利

行业企业的参与权利共包括六个方面，依据参与权由高到低排列，分别是企业参与职业教育专业建设的权利、企业参与职业教育专业课程体系建设的权利、企业参与职业教育人才培养方案制订的权利、企业参与职业教育课程教材编写的权利、企业参与职业教育实习实训基地建设和企业自主办职业院校的权利。行业企业的经济利益共包括两个层面，分别是给予参与职业教育产教融合、校企合作的行业企业一定的经费补贴和减免税收。

3. 职业院校的权利

为把握职业教育产教融合、校企合作过程中的话语权，维护学校师生在职业教育产教融合、校企合作过程中的利益，职业院校也应享有一定的参与权利。职业院校的参与权共包括六个方面，依据参与权由高到低排列，分别是学生前往企业生产车间顶岗实习的权利、教师前往企业挂职锻炼的权利、院校指派企业员工参与学校教学的权利、院校参与企业产品研发的权利、院校参与企业技术革新和

院校自主办企业的权利。职业院校在职业教育产教融合、校企合作中期望获得的利益分为教师利益和学生利益两个层面。

（二）职业教育产教融合、校企合作参与主体的责任

1. 政府的责任

政府在深化职业教育产教融合、校企合作的过程中享有最高的行政权力，可以强制和奖励行业企业与职业院校，因此，相应地也需要履行职业教育产教融合、校企合作过程中最重要的责任。具体可分为制定职业教育产教融合、校企合作的发展规划，建设职业教育产教融合、校企合作的组织机构，分配职业教育产教融合、校企合作参与主体的权责职能，负责云南职业教育产教融合、校企合作的监督管理以及承担云南职业教育产教融合、校企合作的风险成本。

2. 行业企业的责任

行业企业在职业教育产教融合、校企合作的过程中享有一定的参与权和获得经济利益权，为此，需要承担一定的经济责任和社会责任。

因为不同的参与主体在经济利益方面有着不同的追求，所以行业企业的经济责任随着主体的变化而发生变化。对政府来说，行业企业的经济责任为促进地方经济发展模式的升级转型，服务于区域经济社会的发展；对行业企业自身来说，其经济责任是开展相关产品的研发工作，促进行业企业技术的升级转型，从而推动行业企业的发展，并获得一定的经济报酬；对学校来说，其经济责任是为参与职业教育产教融合、校企合作的师生提供一定的劳动报酬，并为学校实习实训基地的建设提供资金支持。

在社会责任方面，参与职业教育产教融合、校企合作是企业促进职业教育发展的有效途径，让企业参与到区域文化建设的过程中并推动区域的文化建设；通过职业教育产教融合、校企合作发挥职业学校的科研优势，共同推动产品的研发与升级，提升相关行业的科技水平；大力发展职业教育是精准扶贫的一项重要举措，企业参与扩大了职业教育精准扶贫的力量，并可以通过资金补助或提供就业机会推动扶贫事业的发展。

3. 职业院校的责任

参与职业教育产教融合、校企合作的职业院校同其他类型的学校相比，享有

参与企业生产经营的权利，其师生也可在参与产教融合、校企合作的过程中收获一定的利益。因此，参与职业教育产教融合、校企合作的职业院校也应履行一定的经济责任和社会责任。

同行业企业一样，职业院校也依据主体的不同而履行着不同的经济责任。对政府而言，职业院校的经济责任是创造具有实践能力的人才储备，为区域经济社会的发展提供服务；对行业企业而言，职业院校的经济责任是为行业企业提供人力资源储备，与行业企业合作开发产品，并进行行业企业所需的相关技术研发，推动行业企业的升级转型，创造更多的经济效益；对职业院校自身来说，其经济责任在于向政府或行业企业争取合作经费与劳务报酬，自主办厂的院校应注重工厂经济效益的提升，为院校发展提供一定的资金支持。

在社会责任方面，职业院校作为一种人才培养机构，是个体进入社会的桥梁，可以帮助个体实现社会化；其培养的人才输送到了不同的行业，促进了社会阶层间的流动，有助于维持社会稳定；职业院校向学生传授了大量实用性知识，是将实用型知识传递给学生的中介，在一定程度上促进了知识的传承与创新。

二、建立合理的“产教融合、校企合作”的职能划分

（一）政府的职能

依据政府的权责体系，其在职业教育产教融合、校企合作中具有协调组织的职能。因此，政府在实现职业教育产教融合、校企合作过程中应承担的工作任务包括：

在协调方面，对职业教育产教融合、校企合作进行宏观调控，提出行业企业与职业院校参与职业教育产教融合、校企合作的方式方法，协调行业企业与职业院校在深化职业教育产教融合、校企合作过程中的资源与信息，给予参与职业教育产教融合、校企合作的行业企业和职业院校一定的物质和精神激励，强化其参与行为。

在组织方面，依据职业教育产教融合、校企合作的实际，确立深化产教融合、校企合作的总目标和实现该目标的具体行动方案，设立与完善职业教育产教融合、校企合作的组织领导机构，构建职业教育校企合作、产教融合的沟通交流平台和确立职业教育产教融合、校企合作的组织关系与人员配置。

（二）行业企业的职能

依据行业企业的责权体系，其在职业教育产教融合、校企合作中需要计划、组织和执行的能力。为此，行业企业在实现职业教育产教融合、校企合作中应承担的工作任务包括：

在计划方面，依据政府制定的职业教育产教融合、校企合作的目标，结合行业企业自身的发展实际，制定行业企业参与职业教育产教融合、校企合作的具体目标，并以此目标为依据，制定行业企业参与职业教育产教融合、校企合作的发展规划，合理配置行业企业的人力、物力与财力。

在组织方面，设立服务于产教融合、校企合作的执行机构，依据行业企业在职业教育产教融合、校企合作过程中的发展规划明确各执行机构的工作任务。

在执行方面，依据云南行业企业服务职业教育产教融合、校企合作执行机构的工作任务，确立行业企业工作任务的流程和路径，明确执行不同工作任务时的条件，设计行业企业参与职业教育产教融合、校企合作的保障与反馈体系，帮助其在执行过程中不断优化工作流程和路径，实现资源分配与信息利用效能的最大化。

（三）职业院校的职能

依据职业院校的责权体系，其在职业教育产教融合、校企合作实现机制中同行业企业一样，具有计划、组织和执行的职能。为此，云南各职业院校在实现职业教育产教融合、校企合作过程中，应承担的工作任务也与行业企业相类似，包括：

在计划方面，依据职业院校的发展需求，要从阶段性目标和层次性目标两个维度制定职业教育产教融合、校企合作的分目标，并依据该目标制定职业院校的发展规划。同行业企业不同的是，职业院校具有实用型人才培养的责任与义务，所以其还需依据政府的产业规划，行业企业的实际需求和院校学生的诉求制订产教融合、校企合作的人才培养方案。

在组织方面，和行业企业一样，设立职业教育产教融合、校企合作工作的机构，依据职业院校的发展规划和人才培养方案确定机构的工作任务。

在执行方面，职业院校在产教融合、校企合作这一目标下，要确定人才培养的具体路径，明确人才培养的条件，并制定人才培养质量的保障与反馈系统，完善职业院校的人才培养方式，提升其人才培养的质量。

三、建立可持续的产教融合、校企合作运行机制

职业教育产教融合、校企合作运行机制影响着云南职业教育产教融合、校企合作的可持续性。运行机制是指在产教融合、校企合作中的具体流程，需考虑动力、主体关系和运行程序三个方面。

（一）职业教育产教融合、校企合作的动力

依据利益相关者理论，政府、行业企业和职业院校在参与职业教育产教融合、校企合作时都应该获得一定的利益，并对其他参与主体产生一定的影响。因此，政府、行业企业和职业院校是职业教育产教融合、校企合作的利益相关者，其动力源于职业教育产教融合、校企合作所带来的利益。

1. 政府的动力

政府参与职业教育产教融合、校企合作的动力主要来源于国家的导向和区域经济发展的需要，因此，其参与职业教育产教融合、校企合作的激励来源于相关规定和职业教育产教融合、校企合作所带来的积极影响。

2. 行业企业的动力

行业企业参与职业教育产教融合、校企合作的动力来源于企业实现自身发展的内在需求和承担相应社会责任的外在需求，因此，激励其参与职业教育产教融合、校企合作的举措有：政府为参与职业教育产教融合、校企合作的行业企业提供补贴，减免企业税收，弥补造成的成本损耗，与之共担风险，行业企业优先享受合作院校研发的科研成果等。

3. 职业院校的动力

职业院校参与职业教育产教融合、校企合作的动力来源于学生培养、教师培养和自身发展的需要，因此，激励其参与职业教育产教融合、校企合作的举措有：行业企业提供师生培养所需的实习实训机会与场地，主动承担部分院校实践教学的任务，为职业院校学生提供一定的就业机会以及和政府一起共同为职业院校的人才培养提供资金支持等。

（二）职业教育产教融合、校企合作的主体关系

依据职业教育产教融合、校企合作主体的权责关系与职能划分，笔者认为职业教育产教融合、校企合作主体之间存在着以下关系：

政府在领导职业教育产教融合、校企合作这一活动中，借助自身的能力与资源，负责规划、管理和监督。行业企业包括行业组织和企业两个部分。在职业教育产教融合、校企合作的过程中，行业组织承接了政府的部分职能，在一定程度上影响着职业教育产教融合、校企合作的能力，是发展职业教育产教融合、校企合作的中介组织。它接收来自企业和职业院校的信息，并将这些信息进行整合，再次传递给企业和职业院校，引导企业和职业院校的对话与协商。校企双方作为职业教育产教融合、校企合作的主要执行者，在进行资源与信息交流的同时，接受（地方）政府和行业组织的领导，利用它们提供的资源与信息发展职业教育产教融合、校企合作，并自觉接受（地方）政府与行业组织的评价和监督。

除此之外，职业教育产教融合、校企合作的机制是基于当前的社会环境所建立的，因此，在设计云南职业教育产教融合、校企合作的机制时应充分考虑云南当前的社会环境，所设计出来的机制也应接受社会的评价与监督。

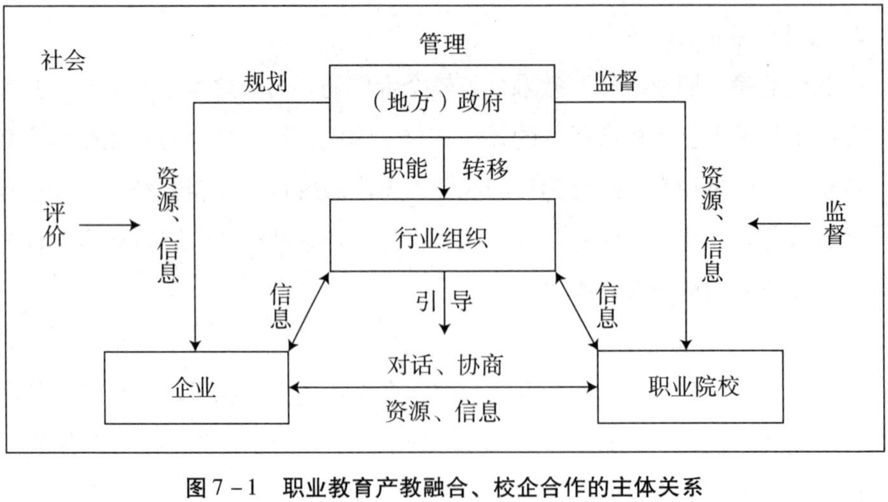

图 7－1　职业教育产教融合、校企合作的主体关系

（三）职业教育产教融合、校企合作的运行程序

依据职业教育产教融合、校企合作的主体关系，可以探索职业教育产教融合、校企合作的运行程序。政府依次确定产教融合、校企合作的目标，制订服务于目标的计划，依据计划设立产教融合、校企合作的组织机构和信息交流平台。

行业企业通过信息交流平台确立自己的任务和目标，制订企业实施产教融合、校企合作的工作计划，根据工作计划组建执行的机构与人员，明确各机构与人员在执行中的权责，并在执行工作完成为后及时向上汇报自己的工作成果。

职业院校通过政府构建的信息交流平台确立自己职业教育产教融合、校企合作的目标任务，以此制订学校工作计划和人才培养方案。在制订学校工作计划、人才培养方案和设计课程体系之后组建相应的机构，明确各机构和人员在执行计划中的工作任务，并及时向上汇报自己的执行情况。

值得注意的是，行业企业和职业院校在运行程序方面基本是对等的，在各个工作步骤上行业企业与职业院校都可以进行沟通与交流，合作制定各自的工作目标、工作计划与人才培养方案。行业企业和职业院校在执行机构中可以实行人员交叉，合作建立一个职业教育产教融合、校企合作的质量评估机构，负责对行业企业和职业院校产教融合、校企合作的成果进行评估，并将评估结果及时反馈给政府。让政府可以依据产教融合、校企合作的实际情况及时修改自己的发展规划，形成一个可持续的职业教育产教融合、校企合作的运行流程，推动职业教育产教融合、校企合作的深入。

职业教育产教融合、校企合作的五种融合方式和九种合作形式在运行流程上大致相同，但因其涉及的主体不同，所以在结构要素上也会或多或少地存在某些差异，这就导致每种融合方式或合作形式的运行流程也存在着一定的差异，但大体上都包括下图所示的运行流程（如图7－2所示）。因此，不同的融合方式或合作形式在形成运行流程时应充分考虑自身特征，结合自己的特色制定运行流程，以充分发挥自身在产教融合、校企合作中的作用。

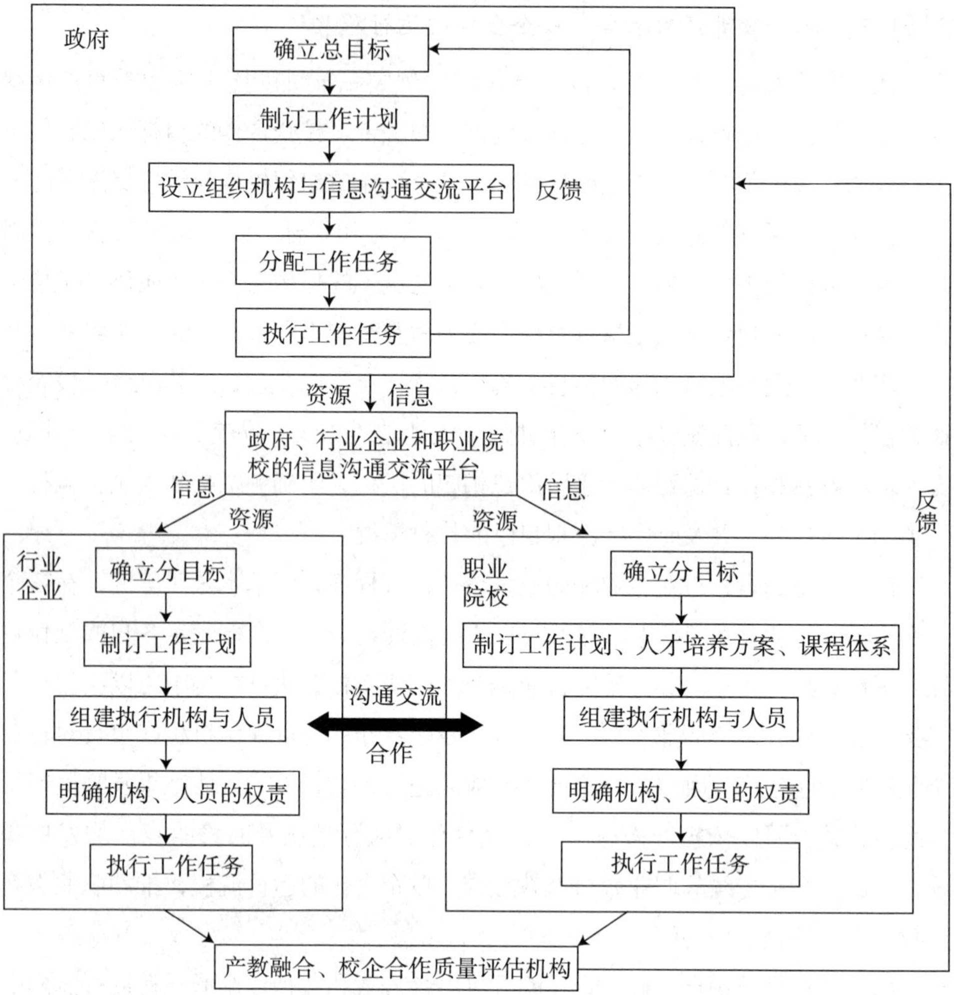

图7－2 职业教育产教融合、校企合作的运行流程

第五节 实现云南职业教育“产教融合、校企合作”供需平衡的举措

一、专业设置供需的对接

地方产业与院校专业设置属于共生演进的关系。云南职业院校在专业设置上

需要考量与地区产业发展的匹配度，利用专业与产业发展的共生演进的关系，设置依托产业发展需求的专业。在专业设置与产业需求对接的过程中，除了重视行业企业和院校意见，注重发挥政府宏观调控的作用，利用行政手段调控资源，优化专业结构外，还要注重专业设置与地区传统产业、新兴产业、主导产业的结合，助推地区产业结构调整。根据云南经济社会发展需求、产业规划和各类技能人力资源需求，结合行业主管部门、行业企业和职业院校意见，云南省各级教育行政主管部门应当同人力资源社会保障等部门协作，制定职业教育专业发展规划，引导职业院校科学设置并动态调整职业教育专业。

二、师资队伍建设的对接

在师资队伍建设方面，要深化校企合作，开展师资互聘共培工作。企业技术骨干人员与职业院校专业师资要共同承担院校教学任务，企业技术人员和院校专业师资根据地区经济发展需求和产业结构优化情况要共同开发课程体系，调整教学形式。同时，通过校企合作、协同育人，实现专业教师与企业技术人员对接，实现企业与院校师资队伍的双向交流。为解决“双师型”教师队伍建设问题，需要健全“双师型”教师队伍评价激励机制和完善“双师型”教师队伍培养培训制度，如教师的岗前培训、教学能力培训、课程开发培训和继续教育。建设职业教育师资培养培训基地，鼓励培训教师获取相应证书。政府对参与师资培训的人员和企业给予财税支持，证书与教师职称评定挂钩。

三、人才培养模式的对接

产教融合、校企合作的最终目标离不开职业院校人才的供给。“工学结合、校企共育”人才培养模式是借鉴德国职业教育发展模式，适应我国深化产教融合的人才培养模式。校企共育重点是策划共育性课程体系、共育性教学内容、共育性师资队伍、共育性教学模式及共育性能力评价体系等，目标是共同培养适应行业企业基层职业岗位需要的技术技能人才①。基于云南现有校企合作类型，校企

① 胡昌荣．五位对接：高职教育“产教融合”的有效路径[J]．职教论坛，2017（12）：42－45.

要共建育人基地，企业与院校要组建校企合作管理委员会，遵循职业院校育人原则，课程体系要对接地区产业需求和技能人才的培养要求。职业院校、行业企业、科研机构等多方组成的协同育人团队要共同开展工作，通过实施“互聘共培、双岗双薪”等制度，实现职业院校与企业在培养人才上的对接。

第八章　专题研究报告

专题一　德国产教融合、校企合作的做法、特点和启示

一、研究背景

德国把职业教育看成是关系民族生存、经济发展、国家振兴的根本大计，其“双元制”教学模式是世界职业教育的典范。德国“双元制”职业教育有着科学的办学理念、多方协作的校企合作平台、完善的职业教育管理机制、理论联系实际的教学工作，在发展过程中也形成了权威性、双元性、职业性、可操作性等特点，其成功经验值得我们思考与借鉴。

二、研究目的

第一，总结德国产教融合、校企合作的成功做法；

第二，结合本国国情，为我国产教融合、校企合作的开办提供借鉴。

三、研究方法

第一，文献研究法。透过查阅、收集有关德国“双元制”教学的科研文献，获取相关信息，并进行综合分析，从中提炼出对本课题研究有价值的资料。

第二，经验总结法。通过对德国产教融合、校企合作的研究，对其经验加以总结，从中获得规律性的认知，用来指导我国的职业教育工作。

四、研究成果及结论

（一）德国产教融合、校企合作的做法

1. 从法律层面确立了产教融合、校企合作作为开办职业教育的基本原则

1969 年德国颁布《联邦职业教育法》，确立了职业教育的法律地位，用法律形式规定了“双元制”职业教育制度。1981 年颁布的《职业教育促进法》将职业教育需求与培训需求挂钩，职业教育成为公共事业的责任和义务，保障了职业教育的质量和稳定发展。2005 年，为适应社会经济的新发展和新需求，德国联邦政府将《联邦职业教育法》和《职业教育促进法》合并成新的《职业教育法》，进一步明确了企业在“双元制”职业教育中的责任和义务，确立了企业与培训者之间的关系，使各方在职业教育治理结构中开展工作有法可依、权责明确。

目前德国已构建了以《联邦职业教育法》为基本法，各职业教育法律、条例相结合的完备的职业教育法律体系。职业教育法律有《企业基本法》《青年劳动保护法》等，规章条例有《职业培训条例》《实训教师资格条例》等，各州还建立了自己的职业教育法，内容主要集中在各行业企业在职业教育中的权利和义务、各类职业教育组织结构、职业教育学校名称、培训目标、专业设置、学制长短、办学条件、经费来源、教师资格及进修等方面，可以说是对职业教育进行了全方位的规范，保证了职业教育的稳步发展。

一系列的法律法规涵盖了职业教育的各个方面，形成了严密的法律体系，规范了德国职业教育的发展，为德国职业教育的产教融合、校企合作提供了有力的法律保障。德国“双元制”职业教育把产教融合、校企合作作为基本理念，从这一理念出发对职业教育进行管理，为职业教育工作的推进和人才培养过程的顺利进行提供了保障。

2. 多方参与协作沟通，深化产教融合、校企合作

（1）政府层面的督导作用

国家参与调控是德国职业教育开办的基本做法。为深化产教融合、校企合作，德国政府通过颁布相关法律的形式对职业教育进行深度干预和具体指导，并

明确规定企业在校企合作中占主体地位，促使企业承担职业教育的主要责任。

（2）行业层面的协调作用

德国法律规定，企业必须加入相关行会。在德国涉及职业教育的行会主要包括工商业行会和手工业行会。行业协会作为企业的代表，主要负责企业中的职业教育，同时又担当着协调校企双方职责的角色，是校企合作顺利实现的保障，其特征是独立设置、依法运作、自我管理。行业协会依据《职业培训条例》对基层企业的职业培训进行管理，并受州经济部门或劳动与社会秩序部门监督，其任务是细化职业教育和培训、组织实施基础职业培训、提供实施职业教育的场所、制定职业资格和开发新的教育和培训课程。行业协会下面都设有专门的职业教育委员会，负责规章制度的制定和技能考核等工作。职业教育委员会的主要任务是对企业职业教育进行管理，以及处理相关的考试和合同等事宜。

（3）企业层面的主体作用

德国“双元制”教育对企业参与职业教育的资格有比较严格的规定，只有那些具备联邦政府颁发的教育资格的企业才能招生和培养人才。企业会根据自身业务发展和人才需求状况面向各类学校招生，录取学生为岗位学徒，通过模拟操作及实训等方式进行实践课程教学，再根据岗位特点，推荐学徒到相应的职业院校学习理论知识。

企业在职业教育中发挥了重要作用，主要表现在以下几点：第一，企业为职业训练提供场所。大企业都建有教学训练车间，小企业因资金、师资等条件所限，几家企业联合建立综合培训中心，为职业训练服务。供训练用的实验设备的先进程度与企业实际应用的设备处于同一技术水平。第二，企业承担了少量课堂教学任务，为职业训练提供精通业务、受过良好职业训练、责任感强的实训教师，以弥补职业院校因课时和师资等方面的限制而形成的不足。第三，企业参与合作学校教学大纲、课程标准的制定，通过考试委员会参与职业院校的考务工作，企业为培训合格的学生出具相当于工作证书的培训合格证书。第四，企业负责支付学徒和培训师的工资。由于企业在培训中的主导作用，德国大部分的职业教育经费都来源于企业，尤其是学徒的培养费用，甚至企业还提供了占“双元制”职业教育师资总数70%左右的师资力量。

3. 理论联系实际的教学工作

（1）设计导向的教育理念

设计导向的职业教育理念是20世纪80年代在德国发展起来的职业教育指导思想，其基本内涵是职业教育所培养的人才不仅要有职业适应能力，更需要具备对社会、经济和环境负责的态度，具备参与设计未来工作世界发展的能力①。

职业教育的设计导向理念对职业技术人才的素质要求不仅体现在其对现有职业的适应与匹配上，更体现在其为促进职业、企业、行业、社会的发展做出设计性和创新性的贡献方面。设计导向的学习性工作任务为学生打开了设计空间，学生不仅应当能够处理工作订单，而且也要学会创新，本着对工作和社会的责任感，对工作过程和内容进行共同设计。

（2）职业导向的专业设置

从整个职业教育体系来看，德国职业教育无论是“双元制”职业教育、全日制职业教育还是培养师傅和技术员等的专科学校，其专业设置都有明确的定位。“双元制”职业教育的专业设置倾向于实践性强且含有经验成分较多的专业，职业类型内部根据专业领域的特殊性，又呈现不同的专业结构。从职业体系与职业教育专业体系的关联来看，德国职业分类中的职业小类（第五层级）的名称与职业教育专业之间存在紧密的关联，部分甚至是一一对应的关系。“双元制”职业教育的专业领域、专业体系、专业群、专业链也体现出与相应职业领域、产业链、职业群、业务流程相互映射的特点。此外，针对某些相对独立的行业领域来说，甚至还建立了专业体系与产业链之间的对接。

（3）以工作为导向的职业教育课程

以工作为导向的职业教育课程开发，是基于劳动市场与职业研究来进行的，是鉴于业务流程和工作过程的结构与内容来分析和开发，并最终确定工作领域、行动领域和工作任务的一种课程开发活动。在工作导向思想下，企业培训内容与学校教育内容在课程上进行协调与分工，在深入调研行动领域与工作任务之后，对工作任务所蕴含的职业能力进行进一步分析。各门具体课程的深度开发还需对

---

① 赵志群，王炜波．德国职业教育设计导向的教育思想研究[J]．中国职业技术教育，2006（32）：62－64.

相应职业能力条目之下所蕴含的知识、技能和素养进行挖掘。

在工作导向课程开发的框架下，企业与职业院校都尽可能地将完整的企业业务流程和工作过程作为教育培训与课堂学习的内容。职业院校的学习领域也部分包含完整的顾客订单，大致规定了所要求的知识、技能和能力。由于在课程实施方面需要具有不同程度的实现路径，在课程设计上对教师也提出了巨大的挑战。

（4）以行动为导向的课堂教学

针对处于微观层面的职业教育课堂教学，其主流指导思想是以行动为导向的。行动导向教学思想在具体实施过程中包含了一系列完整的行动模式，具体涉及咨询、计划、决策、实施、检查和评价六个步骤，或简化为计划、实施和评价三个阶段。在该思想指导下实施的典型教学方法有项目教学法、引导文教学法等。首先，基于课程开发结果，计划学习性工作任务。以具体的企业工作订单和工作过程为导向，教师与学生共同对企业中出现的活动、成果和过程进行分析，对学习性工作任务进行识别和确定，根据侧重点不同，某个工作任务可以形成不同的学习性工作任务。其次，以学习者为中心，实施学习性工作任务。学习性工作任务的目标是促进学习者职业能力的成长，学习性工作任务的产出是产品的完成或是服务的提供，学生可以统一某个特定的方案进行展示或者以小组的形式展示不一样的学习结果。最后，基于学习成果，评价学习性工作任务，该阶段由教师和学生共同完成。一是检验学习成果，根据学习性工作任务开发阶段所描述的检查清单检验学习者。二是归档学习性工作任务，由学生将学习过程中的相关文档和资料汇总成完整的纸质文档或电子文档，也包括行动方式、工作技术、方案策略、错误、故障、误解等方面。三是展示学习性工作任务，该阶段的计划和实施要求学生再次深度理解工作订单，并且借助于展示技术和媒体运用进行综合及创新。四是评价学习性工作任务，教师与学生对整个学习性工作过程与工作结果进行共同评价与反思①。

---

① Bundesinstitut für Berufsbildung. Mit Lern-und Arbeitsaufgaben ausbilden-Lern-und Arbeitsaufgaben entwickeln，einsetzen，begleiten und kontrollieren［EB/OL］．［2019－01－30］．https：//www. foraus. de/media/Mit_ Lern－und_ Arbeitsaufgaben_ _ ausbilden. pdf.

4. 完善的职业教育管理体制

德国的职业教育管理机构分成三级：第一级是联邦政府，负责职业教育的立法和协调；第二级是州文教部以及企业、员工和州政府代表组成的职业教育委员会；第三级是行业协会。联邦职教所作为专业机构和共同决策平台，其决策委员会是法定的联邦政府职业教育决策咨询机构。州职业教育委员会是所在州的政府在职业教育方面的决策咨询机构，任务是针对本州职业教育问题向州政府提供咨询，促进职业教育质量不断提高，并就职业教育内容和组织实施以及所在州职业教育的政策举措提出建议。区域职业教育委员会作为主管机构的职业教育委员会，首要目标是保障职业教育质量，对所有职业教育方面的重要事务具有知情权及咨询权。以上机构形成了一个职责分明、管理有效的多层次管理体系。

5. 完善科学的质量评价体系

在学校教学质量考评上，德国政府组织受过专业质量管理培训的教育专家、教育行政管理人员和企业人员成立常设机构——教育质量考核委员会，负责研究制定教育教学质量体系和评估办法，此外对学校的教学计划和教学实施过程与教学效果等方面定期进行质量考核评估。

在培训机构的教学质量考核上，行业协会的监督和考评起到了十分重要的作用。德国行业协会所属的职业培训委员会，享有对培训的组织、实施等各个环节的监督权，行业协会能对从事本行业的人员的综合素质进行判断和规定，对存在的问题及时向政府相关部门反馈，以便做相应的调整。同时，考试委员会负责审批考题和举行全国统一的职业考试并统一颁发合格证书。考试分为中期考试与结业考试，考试内容上又分为书面考试和实际操作技能考核两部分，均按照全国统一要求，在统一时间进行考核。中期考试一般在接受培训后的一年至一年半时间进行，考查学徒工的培训成绩来检查企业培训计划的落实程度。结果经考试委员会审核同意后发给结业证书，毕业考试合格的学生最终可以获得考试证书、培训合格证书和职业院校毕业证书。这种教考分离的考核机制和严格统一的管理机制，使德国职业教育教学质量得到了保障。

6. 多元的经费投入渠道

德国职业教育是由多个部门协调参与管理的，其经费来源也呈现多元化，形成了一个由公共财政和私营经济共同负担的混合经济供给方式。在经费投入方面，按照法律规定，德国联邦、州、地方三级政府均参与职业教育的组织与实施，教育经费由联邦政府、州政府、地方政府和企业分别承担。

企业界承担了产教融合大部分的成本，政府承担了较小的部分。企业主要承担培训中的费用，包括学员成本、培训师的福利待遇、材料成本和其他各项成本等。同时，德国设立的“中央基金”，要求所有企业按要求定期向“中央基金”交纳一定数量资金，由国家统一分配和发放给培训企业或跨企业培训中心，作为人力资源培训投入上的补助。联邦政府只提供少量经费，多数由各州和地方政府承担，州政府和地方政府负责职业院校的办学经费。

（二）德国产教融合、校企合作的特点

1. 权威性

德国产教融合、校企合作依法推进，具有极强的权威性①。德国《职业教育法》把产教融合作为开展“双元制”职业教育的基本要求，明确规定了教育与经济、劳动密切相关。同时，行业组织协商制定职业教育的标准规范，共同负责规划决策、组织实施等工作，对各方面的职责、义务、工作方式也做出了具体规定。

权威性具体体现在以下几点：首先是依法明确了联邦政府和州政府及其经济、教育和劳动等相关部门的职责分工，以及企业和学校各自的使命和任务，同时依法赋予经济界特别是行业和工会共同发展“双元制”职业教育的权利和责任，并依托行业组织具体管理职业教育的实施。其次是在此基础上依法确立相应的工作机制，确保产教各方在各自任务、职责范围内团结协作。这些产教结合机制，为德国“双元制”职业教育提供了有力保障，使产教融合、校企合作模式的开展具有极强的权威性。

2. 双元性

德国职业教育双元性的特点主要体现在以下几点：第一，德国“双元制”职业教育的背后是制度的支撑，是双元的制度设计保障了具体教育与培训层面的双元合作。“双元制”职业教育的实现途径不仅是微观层面个体学校与企业之间

① 刘立新．德国职业教育产教融合的经验及对我国的启示［J］．中国职业技术教育，2015（30）：18－37.

的合作，也是宏观层面产业界与教育界的合作。第二，双元性也体现在德国职业教育教师队伍的结构中。德国职业教育的师资队伍由职业院校的教师和企业或跨企业培训中心的培训师两部分组成，他们分别在自己最擅长的领域内从事教学和培训工作。尽管学校教师也需要具备一定的企业工作或实习经验，企业培训师也需要接受教育教学方法的培训，相互之间在能力和工作领域上有重合之处，但他们仍然是两个体系下的专业人员①。第三，双元性得以贯彻的最重要的前提是行业企业对职业教育与培训的深度参与。企业对职业教育与培训的深度参与是德国职业教育区别于其他国家职业教育的最大特点之一。

3. 共识性

共识性指的是职业教育政策制定过程中的交涉、谈判和商量的一种原则和形式。在这一原则和形式指导下，雇主和经济组织、政府以及工会之间通过三方协商在职业教育与培训事务中尝试寻求共识并达成一致。这几个参与主体以共识性为指导进行交涉协商，不仅影响到它们形成共识和政策决定的能力，也直接涉及其职业教育决策系统的效率和合法性②。

共识性一方面体现在德国的培训文化上。职业培训不能仅仅被看作是一种合约上的义务，它也是一个教育的过程。教育的过程无疑需要国家和政府的介入，政府在这一领域具有法律规定的一定程度的介入的权限。另一方面，共识性也最充分地体现在职业培训条例的开发和调整的过程与程序之中。职业培训条例开发与制定联合了行业企业指导委员会、职业院校专业教师、职业教育研究专家和职业教育管理部门等各方力量③，在共识性下，不同利益和价值诉求的主体，不仅相互制衡，避免了职业教育仅仅服从于某个主体不受限制的诉求和权力，也相互协调，目的是寻求共识、达成均衡。

4. 职业性

德国人在工作中精益求精的态度和严谨认真的职业精神在世界范围内享有盛誉，这也自然体现在职业教育与培训之中。这种职业精神在很大程度上与德国人

① 李俊．德国职业教育哲学简析[J]．教育论坛，2018（2）：21－27.

② 谢莉花．德国职业教育的“教育职业标准”：职业教育条例的开发内容、路径与经验[J]．外国教育研究，2016（8）：28－40.

③ 李俊．德国职业教育哲学简析[J]．教育论坛，2018（2）：21－27.

对职业的态度有关。而要理解这种对职业的态度，则不得不提德国职业教育的根本特点——职业原则。职业原则是德国职业教育最核心的特点之一。职业是德国基本法所规定的公民的基本权利，它在传统上意味着一种长期的、能够带来收入的就业状况，是个体赖以生活的基础。职业原则在职业教育与培训过程中的典型体现是，基于标准的培训内容和模式基础之上的整体的职业资格，以及高度标准化的考试程序①。德国职业教育中最能体现职业原则的特点之一就是其职业教育与培训对整体性的强调，即典型的“双元制”职业教育没有灵活的模块化设置。学徒要想获得职业资格，几乎必须连续完成三年的培训，几乎不能通过选修不同的模块累积学分或模块化证书来完成学业。这样的教育与培训模式能培养完整的职业行动能力，能将职业精神和素养的培养贯穿始终，从而造就具有高素质和高技能的专业工人。

5. 可操作性

首先，德国相关法律在确立产教融合工作机制的同时，对于该机制的设立、组成、职责、任务和运行等还做出了明确而具体的规定，为各方参与机制的运行提供了明确的规范和依据，可操作性强。其次，系统设计的理念也确保了产教融合机制的可操作性。建立产教融合机制，目的在于有效推进职业教育发展和提高人才培养的质量，并系统设计了该机制覆盖于职业教育全过程，从职业教育宏观决策、标准制定、教育教学、考试等各环节到联邦、各州、区域以及学校各层面的沟通协作机制，保障了人才培养的质量，实现了人才培养与经济发展和劳动市场需求的有效结合，从而达到了良好的效果。

（三）德国产教融合、校企合作对云南职业教育建设的启示

云南是一个多民族边疆省份，全省 16 个州市，其中有 8 个民族自治州。这一复杂的民族情况，再加上历史地理、政治经济、文化等多方面因素的影响，使云南的职业教育发展较为滞后。发展现代化的职业教育是推动经济社会发展的重要途径，对促进云南地区的经济发展也具有重要意义。纵观发达国家职业教育的

---

① Thomas Deissinger. Quality Control and Employability Are the Parameters of VET in Germany's Dual System Facing Severe Challenges［EB/OL］. https：//files. eric. ed. gov/fulltext/ED456270. pdf.

发展经验，云南可以借鉴德国职业教育校企合作的举措，更新教育理念，加强多方合作沟通，建立完善的教学机制，从而深化云南职业教育的改革。

1. 思想层面：强化职业教育产教融合、校企合作思想

德国社会崇尚个人能力的发展，更关注学历背后的能力与社会需求是否相互匹配，强调个人发展与实际需求的吻合，其“双元制”职业教育的设计理念更是体现了深度的产教融合、校企合作思想。反观当前云南人力资源开发的现状，由于在中国文化中，“劳心者治人，劳力者治于人”“学而优则仕”的传统观念长期根植于人们的心中，职业教育低于普通教育的意识根深蒂固。与中东部地区相比，我国西南地区少数民族的思想更为保守，特别是在偏远山区，人们对职业教育的认识不够深刻，将职业教育单纯地与技工学校混为一谈，再加上职业院校本身教学质量较差，愿意选择职业院校继续深造的学生少之又少。同时，从云南民族地区的整体情况来看，企业、行业发展较为滞后，其有限的经济发展制约着当地职业教育的发展进程，更限制了当地职业教育产教融合、校企合作模式的开展。

新形势下，为进一步促进职业教育改革，提高职业教育人才培养质量，需要云南进行职业教育的供给侧改革，满足产业需求对职业人才的需求。当前，国务院办公厅发布的《关于深化产教融合的若干意见》（2017）中已明确提出要增强人才培养供给侧与产业需求侧之间的匹配度，云南在执行国家教育政策法规条例的同时，也可广泛吸收德国的教育经验，强化职业教育产教融合、校企合作思想。

2. 政府和行业企业层面：多方合作参与产教融合、校企合作

云南根据国家教育政策和自身特色出台了职业教育发展纲要，如《云南省中长期教育改革和发展规划纲要》《云南省教育事业发展“十二五”规划》，这些政策对建构职业教育体系，促进云南民族地区职业教育发展起了重要作用，但在具体的实施中也存在一些不足。当前，云南职业教育的产教融合、校企合作主要依靠学校，应借鉴德国的经验，不断促进政府、行业、企业、学校多方参与产教融合、校企合作。政府层面，要逐步完善法律，明确企业责任，保障校企合作有法可依。行业企业层面，要加强行业指导能力建设。德国产教合作机制运行有效，得益于其行业组织具有较强职业教育专业能力。德国联邦教育、经济、劳动

部门以及联邦层面行业协会组织下都有专业科研机构，这些机构结合各自工作领域开展职业教育相关研究，为产业界参与职业教育提供专业支持。德国行业组织内部也设立专业职业教育部门，研究职业教育相关政策。而我国行业组织职业教育专业能力建设基础还比较薄弱，需要政府部门通过授权委托、购买服务等方式支持行业组织提高能力建设。我国要逐步增强行业在人才需求预测、职业标准开发等方面的专业能力，特别要加强职业教育行业指导委员会和教学指导委员会能力建设，逐步建立行业人力资源需求预测和就业状况定期发布制度。

3. 学校层面：建立健全产教融合、校企合作的职业教育教学机制

在人才培养层面要推进产教融合、校企合作。职业院校与行业、企业建立联合工作机制，共同确定职业院校专业发展规划、制订和实施人才培养方案，促进校企协同育人。

（1）专业建设上对接职业教育专业体系与产业链

德国职业教育体系内各个层级的职业教育及各种类型的职业院校的专业设置都存在差异性、层次性和关联性，是对产业链与职业群的教育性反映，并随着产业的发展和技术的升级，其专业体系也处于动态调整中，在产业覆盖和发展性上持续满足社会对人才的需求。而当前云南职业教育的专业设置存在零散性、滞后性和空缺性等问题，专业体系与产业链之间的关联并未完全建立，也未能完全适应技术发展与产业转型升级的需求。未来云南职业教育的专业设置及专业体系建设需进一步注重专业领域的差异性及其与产业链的对接。专业体系的建设不应再是单个专业的局部性建设，而是能面向区域产业链需求的全面性建设，对接当地产业链，覆盖产业发展对各个领域职业技术人才提出的专业技能要求。

（2）开发以工作为导向的职业教育课程

我国职业教育课程开发在由学科导向转向工作导向的进程中已取得了一定的进步，如我国在专业课程的学习项目、学习领域和学习情境的开发上，抓住了职业工作的一般规律，对传统的学科系统知识进行了工作导向的结构化。但当前云南职业教育的课程开发更多停留在过程和形式上，而缺乏真正的内容上的改变。课程体系按照业务流程和工作过程来进行改造与构建仍需进一步改进，各个专业相应的领域特殊性知识仍需要继续挖掘。纵观德国职业教育，在综合职业能力培养的目标指引下，课程实现了在企业业务领域和工作领域整体框架下构建完整的

职业行动领域以及具体化工作任务的开发，考虑到了职业能力培养的整体性、情境性与发展性。云南职业教育课程开发不仅仅要在形式上体现工作要求或工作过程，还应切实针对各个职业领域的特殊性知识进行深入挖掘，在产业链、业务流程与工作过程的大框架下系统、深入地进行工作过程知识的获取、转化与传授。未来职业技术人才除了需要具备扎实的职业技术能力外，还需要具有对业务流程与工作过程的理解能力、设计能力、沟通能力与责任意识。

（3）以行动为导向的课堂教学建设

总体来看，我国职业教育已基本实现了任务引领型或行动导向型的课堂教学。但云南受制于传统课程体系与课堂教学的影响，一些专业课程，尤其是专业基础课程，仍然实行先理论后实践、先分步骤后综合化的实施形态。职业教育学生虽能得到一定的锻炼，但也不可避免地存在理论与实践相脱节的问题。

教育不仅仅是知识的传授、储存和学历的提升，尤其对于职业教育来说，未来职业技术人才职业行动能力的培养才更为重要。在产教融合思想的指导下，德国职业教育内容在顶层设计层面体现了产业界与职业界的需求，在微观实施层面同样体现了学习性工作任务的引领，同时强调在此过程中对学生专业能力、社会能力和个性品质的全面培养。学生在经历过职业教育培养后，在知识、技能、素养方面得到全面提升，能迅速成为胜任企业需求和未来创新发展的职业技术人才。学习任务源于工作任务，学习发生在工作过程之中。因此，为了培养职业行动能力，应在职业性学习过程中传授该学习任务所必不可少的理论知识，而不是先传授必要的理论和基础知识，再借助案例、项目或实验等来验证所掌握的理论知识。

参考文献：

[1] 谢莉花，赵俊梅．产教融合背景下德国职业教育专业建设的几个关键问题［J］．职业技术教育，2019（10）：72－79.

[2] 李俊，李东书．职业教育产教融合的国际比较分析——以中国、德国和英国为例［J］．高等工程教育研究，2019（04）：159－164.

[3] 逯长春．德国职业教育产教融合的治理体系、特色及启示［J］．当代职业教育，2019（04）：28－35.

[4] 刘晓梅. 行业协会参与职业教育产教深度融合研究 [J]. 教育与职业, 2018 (17): 29-35.

[5] 陶霞. 美德日职业教育校企合作模式、制度比较与经验借鉴 [J]. 教育与职业, 2018 (08): 19-25.

[6] 张晶晶, 郭晨. 中德职业教育治理结构比较研究——基于校企合作育人的视角 [J]. 中国职业技术教育, 2018 (21): 45-51.

[7] 陈保荣. 职业教育产教融合的国际比较研究 [J]. 职教论坛, 2018 (05): 40-46.

[8] 余亚微, 陆明克. 德国双元制职业教育质量保障体系 [J]. 职教论坛, 2016 (25): 87-91.

[9] 李婷婷. 德国"双元制"职业教育模式成功的关键因素——企业与职业教育法律法规 [J]. 继续教育研究, 2015 (10): 120-123.

[10] 刘立新. 德国职业教育产教融合的经验及对我国的启示[J]. 中国职业技术教育, 2015 (30): 18-37.

[11] 陈方俊. 边疆民族地区中等职业教育研究[D]. 昆明: 云南财经大学硕士学位论文, 2015.

[12] 郭福春. 中德职业教育校企合作的比较分析[J]. 现代教育管理, 2014 (12): 84-88.

[13] 高松. 德国双元制职业教育专业设置及对我国的启示[J]. 职业技术教育, 2012, 33 (19): 83-87.

[14] 李永芳. 关于云南边疆民族地区高等职业教育发展的思考[J]. 职业教育, 2012 (10): 141-142.

[15] 吴全全. 德国、瑞士职业教育校企合作的特色及启示[J]. 中国职业技术教育, 2011 (27): 91-94.

专题二　东中部地区职业教育产教融合、校企合作的做法经验

一、研究背景

产教融合、校企合作是职业教育发展的必由之路，也是职业教育提高技术技能型人才培养质量、促进产业发展、服务经济社会发展的有效途径。党和国家高度重视职业教育的产教融合、校企合作工作。教育部及各相关部门制定的职业教育政策为职业教育的发展提供制度环境保障，我国各地区在落实国家发展职业教育政策的同时，不断出台相应的地方政策和措施，创新职业教育体制机制。职业教育与经济社会的融合度、契合度不断提升，区域特色渐进形成。本文通过对浙江、安徽、江苏、湖南和湖北五个区域职业教育产教融合、校企合作中政府、行业企业、职业院校的产教融合、校企合作实践的研究，总结各区域职业教育产教融合、校企合作的做法与经验，为云南职业教育产教融合、校企合作的深化提供参考和借鉴。

二、研究目的

一是对国内区域职业教育产教融合、校企合作做法经验研究较少，因此对区域职业教育产教融合、校企合作做法经验的研究总结梳理十分必要。

二是可以积累职业教育产教融合、校企合作区域创新措施和经验，还可以为它域职业教育产教融合、校企合作深化提供参考和借鉴。

三、研究方法

（一）文献文本分析法

通过查阅、收集国家和5省印发的职业教育政策法律法规和区域政府、行业企业和职业院校在产教融合、校企合作中的探索实践相关资料，总结职业教育产

教融合、校企合作的区域做法与经验，以期为它域的职业教育产教融合、校企合作深化提供参考和借鉴。

（二）比较研究法

通过对5区域的职业教育产教融合、校企合作做法与经验的梳理归纳，在此基础上分析不同区域职业教育产教融合、校企合作做法中的实践创新，总结5区域职业教育产教融合、校企合作中的共性举措。

（三）访谈调查法

本文在对应的5个省内选取职业教育产教融合、校企合作开展较为深入的几所高职院校展开调研访谈。通过对这些高职院校相关负责人员、教师等关于本校（院系）职业教育产教融合、校企合作的做法与经验的交流访谈，了解5省高职院校产教融合、校企合作的实施情况，并将各省职业教育产教融合、校企合作的做法与经验进行比较归纳，总结分析5省在职业教育产教融合、校企合作做法中的创新实践与共性举措。

四、研究成果

职业教育作为一种跨界的教育活动，需要把作为非营利机构的职业院校和以营利为最终目的的企业有机地结合起来，走产教融合、校企合作的道路。产教融合是指产业与教育的结合，属于宏观层面；校企合作是指学校与企业的结合，属于中观层面；工学结合是指工作与学习的结合，属于微观层面。在教育部等六部门印发的《职业院校校企合作促进办法》（2018）中，明确提出校企合作是指职业院校和企业通过共同育人、合作研究、共建机构、共享资源等方式实施的合作活动。职业院校根据自身特点和人才培养需要，主动与具备条件的企业开展合作；企业利用技术、资本、知识、设施、设备和管理等要素参与校企合作，促进人力资源开发①。因此产教融合、校企合作是指职业院校和行业企业两个不同性质的组织，在政府的领导下，为实现提高人才培养质量而合作的一种办学模式。

① 中华人民共和国教育部网．教育部等六部门关于印发《职业院校校企合作促进办法》的通知［EB/OL］．http：//www. moe. gov. cn/srcsite/A07/s7055/201802/t20180214_ 327467. html.

具体合作形式包括：共同开发人才培养方案、共建合作平台、共建专业和开发课程、人员互聘共建师资队伍、共同进行技术产品研发、共建实训基地、多种合作办学形式（现代学徒制、职教集团和混合所有制二级学院）等。

通过对5个省的职业教育产教融合、校企合作的考察，我们分省做如下总结：

（一）浙江职业教育产教融合、校企合作做法与经验

1. 浙江职业教育及产业发展概况

根据《2018年浙江教育事业发展统计公报》统计，全省高中段教育共有学校914所，其中中等职业院校（包括职业高中、普通中等专业学校、成人中等专业学校和技工学校）共有323所，比上年减少5所；招生22.63万人，在校生67.97万人，毕业生20.14万人。中职（不含技工学校）专任教师3.44万人，生师比15.3∶1，生均校舍建筑面积22.8平方米。全省共有普通高等学校109所（含独立学院及筹建院校）、高等专科学校1所、高等职业院校48所。其中，公办院校38所，高职（高专）招生14.5万人，增长6.5%；高职（高专）在校生39.47万人，增长2.2%[①]。

浙江是我国的经济大省，位于中国东南沿海，是一个沿海省份。在产业发展规划上，政府部门通过实施创新驱动发展战略，改造提升传统产业，振兴实体经济。浙江纺织、服装、皮革、化工、化纤、造纸、橡胶塑料制品、非金属矿物制品、有色金属加工、农副食品加工等为其10个重点传统制造业[②]。浙江省人民政府办公厅印发的《浙江省培育发展战略性新兴产业行动计划（2017—2020年）》提出，浙江省主要目标是围绕网络经济、高端制造、生物经济、绿色低碳和数字创意等五大领域，重点发展信息技术、物联网、人工智能、高端装备制造、新材料、生物、新能源汽车、新能源、节能环保、数字创意等十大战略性新兴产业。

---

① 浙江省教育厅网.2018年浙江教育事业发展统计公报［EB/OL］. http：//jyt. zj. gov. cn/art/2019/4/30/art_ 154396 5_ 33938077. html.

② 中华人民共和国中央人民政府网. 浙江：聚焦10大重点产业改造提升［EB/OL］. http：//www. gov. cn/xinwen/2017 －09/12/content_ 5224516. htm.

2. 浙江职业教育产教融合、校企合作实践

浙江省在大力推进职业教育改革与发展中所采取的政策措施，以及在其发展过程中所积累的一些经验，很值得我们学习、思考和借鉴。

（1）组建校企合作沟通平台

为克服学校办学的封闭性、实践性不强，对行业企业用人需求、技术变化不敏感等弊端，职业院校在人才培养过程中主动听取行业企业专家的意见和建议，由政府主导或由学校和企业主导建立合作平台。一是组建行业指导委员会。浙江省由行业主管部门牵头，教育部门保障，职业院校和行业组织、骨干企业共同参与，建立了职业教育行业指导委员会。二是建立校企合作促进会。宁波市工商局、人社局、教育局联合发起成立非营利性社会组织——宁波市职业教育校企合作促进会，通过促进会搭建了校企交流、对话的平台。三是建立政府主导的校企对接合作平台。宁波市在2012年开始就由市教育局联合人社局及工商局建立了“职业教育校企合作公共服务平台”（简称“校企通”），向有意找工作或实习单位的职业院校学生和有意招人或寻求技术支持的企业提供服务，平台根据双方条件和要求进行配对，使该平台成为校企对接的有效平台①。

（2）校企开展多元化人才培养

一是组建职业教育集团。各地建立以区域或专业为纽带、地方政府（或行业）为主导、高职院校为龙头、中职学校和企业共同参与的职教集团或联盟。截至2017年，浙江全省已组建了100多个职教集团，与近7000多家企业结成了紧密合作关系。二是组建产学研联合体。“十二五”期间，浙江省职业院校与行业企业、科研院所合作，共建生产性车间、技术研发和推广中心等中职教育产学研联合体57个，在促进提高职业院校技术积累的基础上，直接服务企业生产和技术革新，推动了地方经济产业转型升级②。三是积极启动现代学徒制试点。2016年浙江省教育厅等六部门联合印发了《关于开展现代学徒制试点工作的通知》，重点围绕产业转型升级，结合“职业教育质量提升行动”“百校千企工程”等重

---

① 周颉．江浙两省高职院校校企合作成功经验研究［J］．湖北广播电视大学学报，2015，35（05）：22－26.

② 浙江省职业教育改革发展情况［EB/OL］．http：//jc. chinazy. org/platform/service/zx-news/shtml/201805/13594.

点项目，分类分层分专业开展了不同形式的现代学徒制试点。

（3）政府相关部门促进

为有效推进产教融合、校企合作，浙江实行“地方为主、政府统筹、部门协调、社会参与”的职业教育管理体制，合力推进职业教育健康快速发展。

一是建立“三规”同步机制。宁波市教育局、人社局与发改委达成共识，同步编制产业规划、人才规划、教育规划，共享信息，共同推动各级政府和行业主管部门将职业教育纳入区域和产业的发展规划中，实现产业规划、园区建设与职业教育布局规划和产业人才规划同步编制，着力解决专业设置与行业产业转型升级的需求不匹配，技术技能人才培养与企业实际需求不匹配等问题①。二是落实地方发展职业教育的主要责任。实行“省财政补助与市县职业教育发展挂钩考核”，每年对考核优秀的地区进行不同额度的省级奖补；以设区市为地缘单位推进中职教育专业结构调整，落实市县统筹发展职业教育的责任，促进职业院校专业与当地产业匹配度进一步提高②。三是建立与行业企业互动的管理机制。浙江倡导学校与行业企业共办专业，加强了职业院校专业设置的针对性，建立了动态调整专业机制，与企业、第三方咨询机构、中介评估机构等合作，提高了人才培养质量。

（二）安徽职业教育产教融合、校企合作做法与经验

1. 安徽职业教育及产业发展概况

安徽省人民政府网发布的 2018 年教育发展情况显示，安徽省各类中等职业教育（不含技工学校）344 所，招生人数为 29.4 万，在校生人数为 75.3 万，毕业生人数为 25.7 万；全省普通本专科在校生人数为 113.9 万，全日制高职在校生人数为 45.9 万，高职高专学校 74 所，其中公办院校 58 所，民办院校 16 所③。

安徽是我国重要的农产品生产以及能源、原材料加工制造业基地，汽车、机

---

① 浙江省职业教育改革发展情况［EB/OL］. http://jc.chinazy.org/platform/service/zx-news/shtml/201805/13594.

② 浙江职成教网. 浙江省人民政府办公厅关于深化产教融合的实施意见［EB/OL］. http://www.zjzcj.com/show.php/id=36040.

③ 安徽省人民政府网. 2018 年教育发展情况［EB/OL］. http://www.ah.gov.cn/UserData/Do tml/1/2019/2/28/9853162489097.html.

械、家电、化工、电子、农产品加工等行业在全国占有重要位置。安徽省人民政府印发的《关于加快做大做强主导产业的若干意见》（2012）中，强调要重点发展电子信息和家用电器产业、汽车和装备制造产业、材料和新材料产业、能源和新能源产业、食品医药产业、轻工纺织产业、现代服务业、文化产业等主导产业；2016 年安徽省人民政府办公厅出台的《安徽省战略性新兴产业“十三五”发展规划》中提出，未来 5 年，安徽要立足市场前景、技术储备和产业基础，加快发展壮大新一代信息技术、高端装备和新材料、生物和大健康、绿色低碳、信息经济五大产业。

2. 安徽职业教育产教融合、校企合作举措

2012 年以来，安徽省承担了“皖江城市带承接产业转移国家职业教育改革试验区”建设任务，实施“产教合作与校企一体办学推进工程”，皖江城市带积极推进职业教育改革创新，为区域经济转型升级发挥了积极作用。

（1）校企共同制订人才培养方案

一是成立行业教学指导委员会及校企合作专业委员会。安徽省教育厅充分发挥行业指导作用，依托行业主管部门组建了加工制造、商贸旅游、交通运输等 9 个省级行业教学指导委员会及校企合作专业委员会，持续组织开展行业校企对话交流活动；此外，每年举办皖江城市带职业教育办学模式改革校企对接会，搭建校企合作平台①。二是成立职业教育校企合作促进委员会。推进职业院校与企业、事业单位、社会组织在人才培养与职工培训、科技创新与技术服务、资源共享与共同发展等方面开展合作，联合办学，培养应用型、技能型人才②。三是学校层面组建行业企业参与的理事会。以安徽职业技术学院为例，学院积极推进院校治理结构改革，成立了由行业、企业专家参与的校级层面和院系层面的理事会，在涉及学校或院系重大事项中，听取理事会的意见和建议。通过以上平台，建立了校企对话机制，发挥了行业企业在专业建设、课程与教材建设、人才培养

---

① 中共安徽省委教育工委　安徽省教育厅网. 坚持改革创新　推动产教融合　加快推进职业教育现代化[EB/OL]. http://jyt.ah.gov.cn/2025/view/605558.

② 中共安徽省委教育工委　安徽省教育厅网. 安徽省教育厅等六部门关于印发《安徽现代职业教育体系建设规划（2014—2020 年）》的通知[EB/OL]. http://jyt.ah.gov.cn/164/view/14652.shtml.

等方面的指导作用，实现了校企合作、共育人才的目标。

（2）校企资源共享实现互惠互利

校企双方利用自身的资源优势为对方服务，互通有无，互利互惠。一是共建校内外实训基地。企业发挥自身的生产实践优势，为学校师生提供生产实践机会。据了解，近年来，安徽省企业累计投入资金18084.99万元，建成5027个企业实习实训基地①；此外，学校利用人员、场地、实训设备优势，为企业提供生产服务，如企业将部分生产订单交给学校实训室生产。二是开展现代学徒制改革。安徽交通职业技术学院在“订单班”“企业冠名班”人才培养模式改革基础上，以创新招生制度、管理制度和人才培养模式为突破口，以校企分工合作、协同育人、共同发展的长效机制为着力点，探索“招生即招工、入校即入厂、校企联合培养”的现代学徒制改革试点。三是积极开展校中厂、厂中校、前店后校等校企一体化的办学模式。学校企业发挥各自的人力资源优势，人员互兼互派。企业管理干部、技术骨干担任职业院校兼职教师，职业院校专业课教师参与企业的生产管理、产品研发、员工培训等工作。通过以上方式将学校与企业打造成利益共同体，使其形成了长期、持续、深入的合作关系。

（3）政府部门推广职业教育的成功经验

一是合肥市人民政府出台《合肥市推进产教融合校企合作实施办法》，通过组建市现代职业教育集团和行业职业教育教学指导委员会，建设综合性公共实训基地，完善财政、金融、人才评价等激励政策及问责机制②。二是马鞍山市人民政府印发《马鞍山市职业教育校企合作促进办法（试行）》，对校企合作的适用范围、实施机制、合作形式、部门职责、支持措施、监督检查等方面做出全面规定③。合肥、马鞍山等地的做法和实践，有力地推动了当地职业教育产教融合、校企合作的深入开展。2016年安徽省教育厅、经信委等部门下发《关于推广合

① 安徽省教育厅网．职业教育工作专项督导报告［EB/OL］．［2016-9-19］．http：//www.ahedu.gov.cn/965/view/19084.

② 合肥市人民政府关于印发推进产教融合校企合作实施办法的通知［EB/OL］．http：//www.law-lib.com/law/law_ view.as/pid=508600.

③ 马鞍山市职业教育校企合作促进办法（试行）［EB/OL］．https：//wenku.baidu.com/view/19e43d30001ca300a6c30c22590102020640f27f.html.

肥马鞍山经验推进职业教育校企合作产教融合的通知》，要求各地各校要认真借鉴合肥、马鞍山等地做法，充分发挥各级职业教育联席会议制度的作用，统筹本地区校企合作、产教深度融合工作；要求各单位总结经验，创新工作方式，完善校企合作、产教深度融合的运行机制，建立校企合作公共服务平台，促进校企深度合作和企业转型发展①。

近年来，安徽省先后出台了加强职业教育市级统筹、建立生均拨款制度、深化人才培养模式改革、推进教师队伍建设、加强职业教育督导评估和深化产教融合实施等方面的多个配套文件②，为区域职业教育的发展提供了有力的制度保障。

（三）江苏职业教育产教融合、校企合作做法与经验

1. 江苏职业教育及产业发展概况

据《江苏省2018年国民经济和社会发展统计公报》，全省中等职业教育（不含技工学校）在校生人数为62.6万。据中国高职发展智库对2019年全国31个省、直辖市、自治区发布的省级《高等职业教育质量年度报告》进行的汇总分析，截止到2018年12月，江苏全省共有普通高校142所，高职高专院校共计90所，高职院校数位居全国第一，其中公办职业院校69所，民办职业院校20所，中外合作办学院校1所，全日制在校生人数为59.1万③。

江苏省位于中国东部沿海的长江三角洲，是中国最早、最重要的沿海开放省份之一。改革开放以来，江苏经济发展迅速，在全国的地位举足轻重。2016年江苏省政府办公厅印发《江苏省“十三五”现代产业体系发展规划》，提出要突出发展重点，坚持高端引领，聚焦重点领域，加快发展新一代信息技术、高端软件和信息服务、生物技术和新医药、新材料、高端装备制造、节能环保、新能源和能源互联网、新能源汽车、空天海洋装备、数字创意等十大战略性新兴产业；重点推进机械、石化、冶金、纺织、轻工、建材等传统产业向高端化品牌化发

---

① 中共安徽省委教育工委　安徽省教育厅网．关于推广合肥马鞍山经验推进职业教育校企合作产教融合的通知[EB/OL]．[2016-9-13] http：//jyt.ah.gov.cn/30/view/313678.

② 中共安徽省委教育工委　安徽省教育厅网．关于推广合肥马鞍山经验推进职业教育校企合作产教融合的通知[EB/OL]．[2016-9-13]．http：//jyt.ah.gov.cn/30/view/313678.

③ 中国高职发展智库网．2019年最新全国高职高专院校名单大盘点[EB/OL]．http：//www.zggzzk.com/redianzixun/shownews.php? id=357.

展，打造一批具有国际竞争力的特色产业集群、先进制造业基地和优质产品生产示范区；着力强化基础产业，突出基础支撑与关联促进，振兴现代农业、交通、水利、通信等基础性产业，以提升产业质量效益为中心，不断巩固强化其在全省产业体系中的基础地位；重点发展传统酿造业、特色饮食业、时尚纺织业、工艺美术业等历史经典产业，加快打造苏酒、苏食、苏茶、苏绣、苏品等“江苏系”产业品牌。

2. 江苏职业教育产教融合、校企合作举措

作为中国近代职业教育的重要发祥地，江苏曾创造了职业教育领域的多个“全国第一”，这与江苏高度重视现代职业教育工作，不断强化顶层设计和统筹规划有关。江苏立足地方经济社会实际，省政府先后出台了《职业教育创新发展实验区建设方案》《加快推进现代职业教育体系建设的实施意见》《深化产教融合的实施意见》《加快推进职业教育现代化的若干意见》等文件，坚持把职业教育放在优先发展的战略地位，不断深化体制机制改革，创新职教办学模式，努力探索建立产教深度融合的现代职业教育体系，为我国职业教育现代化发展积累了有益经验。

（1）深化职业教育体系内部贯通培养机制

江苏省现代职业教育体系建设的突破点选择在中高等职业教育与应用型本科的衔接上，并在人才培养模式和课程体系建设方面进行改革，使省内现代职教体系实现了从学制到课程的衔接。一是推行中职与高职、中职与本科、高职与本科衔接的培养模式。十年来，江苏省积极开展现代职教体系建设，推行中职与高职“3+3”、中职与本科“3+4”、高职与本科“3+2”培养模式，初步打破职业教育的“天花板”，打通了“中职—高职—应用型本科”的衔接渠道，中职与高职、中职与本科、高职与本科多种形式的培养模式日渐成熟。二是优化专业结构和课程设置。制定了中等职业教育、五年制高等职业教育品牌专业、特色专业、合格专业标准。各校以品牌专业建设为契机，不断深化校内专业建设，国家、省、校、系的四级专业建设体系进一步得到巩固；各校基本形成了具有鲜明特色的专业集群，实现根据地方经济发展所需设置合理的专业结构和层次目标。课程是专业建设的实质内涵，江苏省在中高等职业教育衔接课程体系、中高职衔接核心课程标准和校本教材开发上进行了探索并取得了一定成绩。江苏基于国家战略

和地方经济社会发展特点，不断优化职业教育专业结构和课程设置，对接产业发展需求、迎合技术发展趋势已成为全省职业院校的突出亮点①。

（2）校企合作共同培养人才

充分发挥多方协同育人功能，进一步深化产教合作联盟、职教集团建设，不断创新体制机制，积极试点混合所有制改革，营造“政行企校”良性互动、优势互补、合作共赢的可持续发展生态环境。一是联合招生，联合培养，探索系统解决招生、招工“难”的问题，形成了一批有特色、影响较大的职教集团。据统计，2017 年底，全省 21 所高职院校牵头组建了全国性职教集团（联盟）26 个，成员单位数量最多的职教集团涉及 3000 多家企业、400 多所学校。通过联合办学、机制创新、资源整合等，江苏强化了政校合作模式、校企合作和校校合作模式，使优质资源集聚、整合和规模效应日益凸显，为全省职业教育的规模化发展提供了有力支撑。二是联合行业企业，建立混合制二级学院，共同制定办学章程，不断完善保障学校运行、管理的制度体系。以南京交通职业技术学院为例，学院依托优质教学资源，联合江宁高新园管委会、南京万宇投资置业有限公司共建了混合所有制性质的南京交院万宇学院。在政府指导下，制定了混合所有制学校的办学章程，实行理事会领导下的院长负责制；校企共同投资建设教学基地、组建混编教学团队，共同开展人才培养、创新创业训练、员工培训等系列活动②。

（3）企业文化入校，培养学生职业意识

江苏职业院校引入行业企业文化，创建校园文化标志符号，开展特色校园文化建设。一是校园环境融入企业文化符号。以无锡商院与宁波星动力有限公司的合作为例，学校在教学楼等区域布置体现职场元素的标语、口号，实现教学环境的企业文化；校企共建的实训室仿照企业真实的生产车间布置，按照企业的生产管理模式，营造与企业管理一线相同或仿真的环境开展实践教学，班级模拟企业管理模式，根据企业各部门分工将学生分成不同的小组，完成项目教学任务，实

① 江苏工院网．江苏省高等职业教育质量年度报告（2018）［EB/OL］．http：//zg. jcet. edu. cn/default. php/mod1107107.

② 江苏工院网．江苏省高等职业教育质量年度报告（2018）［EB/OL］．http：//zg. jcet. edu. cn/default. php/mod1107107.

现教学组织的企业化[1]。二是专业文化进公寓，工匠素养入宿舍。扬州工业职业技术学院将企业文化和专业文化渗透到高职人才培养过程中，倾力打造学生公寓专业文化长廊，将企业文化、行业精神与专业知识紧密结合。通过展示行业发展史、掌握专业应知应会知识及职业发展趋势，让学生在潜移默化中加深专业认同、熏陶专业文化、提升行业认知、培养职业素养。在学生宿舍推行企业广泛采取的“6S 管理”即整理、整顿、清扫、清洁、素养、安全，常抓不懈，将环境育人、文化育人、细节育人有机结合[2]。

（四）湖南职业教育产教融合、校企合作做法与经验

1. 湖南职业教育及产业发展概况

《湖南省 2018 年国民经济和社会发展统计公报》[3] 和《湖南省中高等职业教育年度质量报告（2019）》的统计数据显示，全省共有中职学校 472 所，其中，教育部门举办的学校 220 所，行业企业举办的学校 56 所，民办学校 196 所；国家中等职业教育改革发展示范校 31 所，省级卓越学校 28 所，省级示范学校 111 所；招生 26.98 万人，在校学生 78.93 万人[4]。湖南省现有高职高专院校 70 所，在校生人数为 56.04 万，高职办学规模位居全国第 5 位。2018 年，招生 21.4 万人，比上年增长 5.57%；招生数占高等学校招生总数的比例达 52.22%，比 2017 年增长 2.04 个百分点[5]。

湖南位于我国东南腹地，长江中游，是连接东部沿海省份与西部内陆省份的桥梁。在产业发展规划上，湖南省政府印发的《湖南省实施开放崛起战略发展规划（2017—2021 年）》中，提出要重点发展有色、钢铁、石化、建材、汽车、食

---

① 张音宇，刘晓军．企业文化在高职院校校园文化创新中的作用和影响——以无锡商业职业技术学院为例[J]．淮海工学院学报（人文社会科学版），2017，15（11）：99－101.

② 江苏工院网．江苏省高等职业教育质量年度报告（2018）［EB/OL］．http：//zg. jcet. edu. cn/default. php/mod. 1107107.

③ 湖南统计信息网．湖南省 2018 年国民经济和社会发展统计公报［EB/OL］．http：//tjj. hunan. gov. cn/tjfx/tjgb/jjfzgb/201903/t20190313_ 5294170. html.

④ 湖南职业教育与成人教育网．湖南省中等职业教育质量年度报告（2019）［EB/OL］．http：//zcc. hnedu. cn/c/2019－04－19/3011190. shtml.

⑤ 湖南省教育厅职成处网．湖南省高等职业教育质量年度报告（2019）［EB/OL］．http：//zcc. gov. hnedu. cn/c/2019－02－18/945116. shtml.

品等传统优势产业，通过强化创新、智能改造、优化结构、延伸产业链，进一步巩固扩大竞争优势。在湖南省发展和改革委员会印发的《湖南省“十三五”战略性新兴产业发展规划》（2017）中，将高端装备、新材料、生物、新一代信息技术、绿色低碳、数字创意等六大产业作为全省的战略性新兴产业，作为全省经济持续健康发展的新动能。

2. 湖南职业教育产教融合、校企合作举措

近年来，湖南省政府把发展职业教育摆在突出位置，在完善发展机制、构建骨干体系、加强基础能力建设、创新人才培养模式等方面开展了许多卓有成效的工作，培养培训了大批适应产业需求的中高级技术技能型人才，推动了职业教育与经济社会发展的相互融合，为湖南经济社会发展和促进就业做出了有力贡献，在职业教育产教融合、校企合作方面积累了丰富经验，具有借鉴意义。

（1）校企协同平台技术创新

据《湖南省高等职业教育质量年度报告（2019）》统计，在高职院校与企业协作育人中，平台搭建和技术创新方面取得较好成绩。一是平台建设取得突破进展。2018 年全省高职院校继续与政府、企业、行业多方携手建设集产学研一体的协同创新平台，建立院士工作站 3 个、职教集团 42 个、应用技术协同创新中心 42 个，其中省级协同创新中心 12 个。湖南工业职业技术学院联合 30 家企业和 60 所职业院校组建了“机械行业先进装备制造职业教育集团”。二是技术创新取得丰硕成果。全省高职院校坚持以产教融合、校企合作为主线，不断拓展合作的深度与广度，在技术创新领域取得了一系列成果。2018 年，校企合作共获得发明专利授权 255 个，校企合作攻克关键技术难题 243 个，校企合作研发重要新产品 406 个。三是校企合作共建基地。至 2018 年，全省高职院校与企业共建特色二级学院 89 个、“双师型”教师培养（培训）基地 1058 个、“芙蓉工匠”培养基地 764 个、员工培训中心 113 个、工程技术创新中心 138 个[①]。

（2）职业院校专业建设对接产业发展

湖南省职业院校专业设置实现紧密对接“一带一路”、长江经济带等国家战

① 湖南省教育厅职成处网．湖南省高等职业教育质量年度报告（2019）［EB/OL］．http：//zcc. gov. hnedu. cn/c/2019－02－18/945116. shtml.

略和湖南“一带一部”战略、四大经济板块发展需要，深度融入区域优势产业、特色产业和战略性新兴产业的特色专业体系已基本建成。一是开展一流特色专业群建设。2018 年全面启动高职院校一流特色专业群建设，共立项一流特色专业群建设项目 138 个；实现主动对接湖南“十三五”确定的高端装备、绿色低碳、生物、数字创意、新材料、新一代信息技术六大战略性新兴产业，专业布局进一步向战略性新兴产业聚集。二是“湘字牌”专业群特色日益彰显。湖南一流特色专业群中立项了“湘绣、湘菜、湘瓷、湘戏”等一批服务地方特色产业的“湘字牌”专业群，立项了“湘铁、湘工、湘商”等一批服务先进轨道交通装备、工程机械等新兴优势产业的“湘字牌”专业群，一流“湘字牌”特色专业群总数达 20 个，为地方特色产业和新兴优势产业发展提供了有力的人才和技术支撑①。

（3）政府出台政策推动职业教育发展

一是将一流高职和一流专业群纳入《湖南省全面推进一流大学与一流学科建设实施方案》（2017），将“拔尖创新人才”和“芙蓉工匠”纳入“双一流”创新人才培养计划。二是出台校地合作意见。2017 年 2 月，湖南省人民政府办公厅下发《关于深化普通高校校地校企合作的意见》（2017），全省各地相继出台一系列促进校地校企合作的政策制度，设立财政专项经费，有效推进了校地校企合作。三是开辟产业大师进校园绿色通道。湖南省委办公厅 2017 年印发的《湖南省芙蓉人才行动计划》明确提出，优先支持高校建设“双一流”创新团队，优先支持高职院校建立灵活的专业人才引进机制，择优聘任专业群带头人、产业导师、技能大师，按聘期每人每年资助 10 万元。四是产教融合出实招。2018 年，湖南省人民政府办公厅印发了《关于深化产教融合的实施意见》，对湖南产教融合 5 大工作任务、24 项具体任务进行了科学分工，明确了责任单位。全省各责任单位通力协作，全面深入推进产教融合，在产教融合布局方面提出两个结合：与推进“五个强省”、建设“四大体系”和“五大基地”相结合，与区域发展、

① 湖南省人民政府网．关于印发《湖南省深化职业教育教学改革全面提高人才培养质量的实施意见》的通知［EB/OL］．http：//www. hunan. gov. cn/xxgk/wjk/szbm/szfzcbm_ 19689/sjyt_ 19696/gfxwj_ 19697/201706/t20170630_ 4888382. html.

产业发展、城市建设和重大生产力布局相结合①。

（五）湖北职业教育产教融合、校企合作做法与经验

1. 湖北职业教育及产业发展概况

2018 年全省各类中等职业教育招生 16.1 万人，在校生 45 万人，毕业生 13.8 万人②。据高职发展智库 2018 年的统计，至 2018 年底湖北省独立设置高职高专院校 60 所，高职院校全日制在校生人数为 43.8 万；国家示范院校 4 所，国家骨干院校 5 所，省级示院校 6 所。独立设置的高职院校中，公办职业院校 50 所，民办职业院校 10 所③。

湖北省地处我国中部，支柱产业主要包括汽车、钢铁、石化、电子信息、纺织、食品等六大产业，正在形成以集成电路、地球空间信息、新一代信息技术、智能制造、汽车、数字、生物、康养、新能源与新材料、航天航空为重点的十大新兴产业。2017 年省人民政府办公厅印发了《湖北省促进中部地区崛起“十三五”规划实施方案》，要求围绕新一代信息技术、生物、高端装备、新材料、绿色低碳、数字创意等重点领域，突出集成电路、光通信、新能源汽车、高端数控装备、北斗等优势行业细分领域，培育壮大战略性新兴产业。到 2020 年，打造 10 条产值过千亿元的高新技术产业链，战略性新兴产业产值占 GDP 的比重达到 17% 以上，形成一批具有全球竞争优势的特色产业集群。

2. 湖北职业教育产教融合、校企合作举措

为落实 2014 年国务院关于发展现代职业教育的精神，湖北省在现有职业教育的基础上，采取切实有效的措施，创新职教办学模式，构建现代职教体系，明确职教办学定位，形成了具有湖北模式的现代职业教育体系，牢固确立了职业教育在全省经济社会发展中的重要地位。

① 湖南省教育厅网．湖南省高等职业教育质量年度报告（2019）［EB/OL］．http：//jyt. hunan. gov. cn/sjyt/xxgk/tzgg/201902/t20190218_ 5275930. html_ .

② 中国统计信息网．湖北省 2018 年国民经济和社会发展统计公报［EB/OL］．http：//www. tjcn. org/tjgb/17hb/35799_ 2. html.

③ 中国高职发展智库网．2019 年最新全国高职高专院校名单大盘点［EB/OL］．http：//www. zggzzk. com/redianzixun/shownews. php? id = 357.

（1）校企合作开发课程

据2018年《高等职业教育年度质量报告》数据统计，2017年湖北省校企合作开发课程2862门，合作开发教材2655种。在课程教材的开发上，主要体现为以下两个途径：一是依托校企共建的二级学院和职教集团，联合开发人才培养方案。校企共建二级学院，共同设计适应现代学徒制要求的人才培养方案；依托职教集团，对接职业标准校企共建课程，将行业企业的优秀元素融入教学，共同探索联合招生、联合培养、联合就业等人才培养模式，优化现代学徒制培养机制。二是推进集团化办学，共享校企资源。通过部门、行业、企业联动，发挥高职院校龙头作用和中职学校基础作用，整合重点学校、重点企业资源，组建职业教育集团，推进职业教育集团化办学。

2017年由高职院校和中职学校牵头组建的职教集团达58个，加盟的行业、企业、科研机构1406家。以湖北生物科技职业学院为例，学院依托其牵头组建的湖北信息安全校企合作职教联盟，2017年先后与华为技术有限公司、思科系统（中国）网络技术有限公司等企业签订校企合作协议，共建“华为信息与网络技术学院”“思科网络安全人才培养基地”及“ICT产业实训基地”等，在合作中引入行业企业先进的技术和课程资源，共同培养市场急需的信息技术类专门人才，实现人才供给与需求的无缝对接①。

（2）校企共建师资队伍，提高教学质量

湖北省教育厅出台《关于建设“职业教育技能名师工作室”的通知》《湖北省高等职业院校楚天技能名师教学岗位制度实施办法》等政策，保障职业教育教师队伍整体水平不断提升。《湖北省高职院校年度质量报告（2018年）》数据统计显示，2017年职业院校共聘任“楚天技能名师”646位，立项建设“职业教育技能名师工作室”30个。以湖北职业技术学院为例，学院采取以下措施：一是通过高层次引进、多样化培养，优化教师队伍；二是通过定期开展专家讲座、教改论坛等，提升教师执教能力；三是通过企业顶岗、实践锻炼、技术研发、技能比武、协同创新等，培养“双师型”素质教师。至2018年，学院聘请行业企

① 湖北省高等职业教育质量年度报告（2018）［EB/OL］. https：//jwzy. whcvc. edu. cn/2018/0402/c2733a29648/page. htm.

业一线技术骨干、能工巧匠 146 人担任兼职教师，聘任“楚天技能名师”19 名。学院建立了名师工作室、技能工作室，实施专业教学团队负责制和课程首席教师责任制。在名师的引领下，开展专业项目课程开发、生产性实训教学活动、技能大赛、专业教学改革等工作。建立应用技术协同创新中心，通过产、学、研、用等活动让教师融入企业，紧跟技术前沿，服务区域经济发展需要①。

（3）出台政策保障职业教育发展

一是出台促进企业参与职业教育的优惠政策。2016 年，湖北省财政厅、省国家税务局、省教育厅等部门出台《关于支持发展现代职业教育加强校企合作有关税收政策的通知》，提出对企业按与学校签订的校企合作协议，支付学校学生在企业实习报酬的，准予在计算缴纳企业所得税税前扣除；企业发生的与学校学生实习、教师实践活动相关的合理费用，准予按照税法规定在企业所得税税前扣除；校企合作共同开发新产品、新技术、新工艺发生的研究费用，按照国家规定享受企业所得税优惠②。二是规范职业院校校企合作办学。2017 年，湖北省教育厅印发《关于进一步规范高等学校校企合作办学有关工作的通知》，对校企合作办学目的、校企合作办学程序、校企合作办学管理、校企合作办学监督检查等方面提出了明确具体要求，为职业教育校企合作的规范提供了法律保障③。同年，湖北省人民政府出台的《关于进一步推进职业教育发展的意见》中提出，应用型本科高校和职业院校增设新专业至少要有 1 家以上企业的用人意向备案；此外，强调发挥国有企业在职业教育办学中的重要主体作用，要求成立国有企业职业教育集团，统筹协调国有企业职业教育和职业培训④。以上政策文件，为职业教育产教融合、校企合作提供了良好的制度保障。

---

① 湖北职业技术学院网．湖北职业技术学院人才培养质量年度报告（2019）［EB/OL］．http：//www. hbvtc. edu. cn/info/1078/11319. htm.

② 鄂州职业大学网．关于支持发展现代职业教育加强校企合作有关税收政策的通知［EB/OL］．http：//www. ezu. cn/mjzjjt/info/1034/1237. htm.

③ 湖北省人民政府网．省人民政府关于进一步推进职业教育发展的意见［EB/OL］．http：//www. hubei. gov. cn/govfile/ezf/201712/t20171208_ 1232952. shtml（2017）．

④ 湖北省人民政府网．省人民政府关于进一步推进职业教育发展的意见［EB/OL］．http：//www. hubei. gov. cn/govfile/ezf/201712/t20171208_ 1232952. shtml（2017）．

五、小　结

中东部各区域政府在落实执行国家职业教育发展政策时，积极出台相应的地方政策。概括而言，不同区域职业教育产教融合、校企合作的办学形式比较多元，各区域政府、行业企业和职业院校在产教融合、校企合作中做了一定的探索，并取得了相应的成果，具有以下共同举措。

（一）重视内涵建设和品牌建设

以工程项目为载体，推进现代职业教育体系建设，是5省共同采用的办法。围绕现代化示范学校、特色学校、示范专业、品牌专业、特色专业、示范课程和资源库、现代化实训基地等体现职业教育内涵建设层面的项目，通过教育行政手段自上而下地让教育政策落地生根。江苏省“十三五”教育发展规划提出，到2020年，江苏省建成100所现代化示范性中等职业院校、50所优质特色中等职业院校、300个中职现代化实训基地。湖南省印发的《深化职业教育教学改革全面提高人才培养质量的实施意见》（2016年），提出紧密对接“一带一路”、长江经济带等国家战略和湖南“一带一部”战略、四大经济板块发展需要，按照“错位发展、优势互补”的原则，制定特色专业体系建设规划。安徽省在现代职业教育体系建设规划中提出，围绕省八大主导产业和支柱产业，瞄准战略性新兴产业及高成长性产业，重点建设500个产教深度融合、办学特色鲜明的专业，形成与区域经济社会发展相适应的特色专业群，发挥专业建设的集聚效应。

（二）试行职业教育体系内部贯通培养

人才贯通培养试点项目是5省建设现代职教体系的重要举措之一。在职教体系内部，5省的职业教育体系建设将侧重点放在了“纵向衔接”上。以招生制度改革为切入点的中高职和应用本科之间的衔接与合作，满足了部分中职、高职学生继续升学的需要，推进了中职学校、高职院校、成人高校及本科一体化办学①。在解决中职毕业生升入高职、高职毕业生升入本科或更高层次学习途径等

① 陈桂梅．现代职业教育体系区域创新发展的政策比较与问题反思[J]．教育与职业，2019（16）：10－17.

方面，5 省相关部门采取了以下应对措施。一是在中等职业教育上沿用初中毕业后 3 年或普通高中毕业后 1 年的学制形式，以此来稳定或逐步压缩中等职业教育规模。二是高等职业教育主要是让学生优质就业或升学，在学制形式上主要采用普通高中毕业后 3 年、中职毕业后 3 年、初中毕业后 5 年的学制形式。三是尝试发展本科层次及以上职业教育的途径，试行中职升入高职“3 +3”、中职升入本科“3 +4”、高职升入本科“3 +2”等培养模式。衔接主要是通过课程专业等要素体现，因此由试点院校根据办学情况自主选择合作院校、衔接专业、衔接课程。

（三）厘清校企合作中各方责任

为有效推进产教融合、校企合作的办学模式，5 省政府相关部门积极深化职业教育管理机制改革，尝试突破制约产教融合、校企合作的体制机制障碍，为校企合作提供组织机制保障；为促使行业主管部门在校企合作中能各司其职、分工协作，各地方校企合作规范性文件或法规，均对相关政府部门、行业、企业、学校在校企合作方面的责任作了明确规定，在规范校企合作行为、保障校企合作经费上起到了重要作用①。各地印发的政策法律法规为职业教育产教融合、校企合作的深化提供了有利的政策环境。

（四）规范校企合作行为

各省对职业教育产教融合、校企合作中学生实习的安全管理以及报酬、教师到企业实践锻炼、职业教育集团化办学、现代学徒制试点和改革等校企合作行为进行了规范，印发了适合本区域实践的校企合作办学办法和产教融合实施意见等相关文件。一是规范学生实习管理。接收学生顶岗实习的实习单位，应参考本单位相同岗位的报酬标准和顶岗实习学生的工作量、工作强度、工作时间等因素，合理确定顶岗实习报酬，禁止企业安排实习学生从事不符合实习特征或者与实习内容不一致的劳动生产，并要求为所有实习学生统一办理相关保险，指派指导教师。二是规范教师到企业实践。如杭州市要求：专业课教师到企业实践应选择与

---

① 查吉德．职业院校校企合作模式与政策分析——基于安徽、浙江的调查[J]．职教通讯，2017（10）：29 –34.

专业相关的行业企业和岗位，并围绕教学的实际问题或项目进行；要积极主动地接受企业安排，严格遵守所在企业的各项规章制度，因违纪或违规操作而造成的后果由教师本人承担，并与年度考核相挂钩。三是规范职业教育集团化办学。各区域均制定了专门针对职业教育集团化办学的政策文件，要求职业教育集团制定章程，并按章程进行运作。文件对职教集团组建的目的、任务、运行机制、管理程序等作了明确规定。四是规范现代学徒制改革。如安徽省要求：学徒、学校和企业签订三方协议，对满16周岁未达到18周岁的学徒，须由学徒、监护人、学校和企业四方签订协议，明确各方权益。五是规范合作企业资质。要求开展校企合作的企业必须是持有执业资格的法人单位，是与学校人才培养和专业建设对接的企业，校企合作项目符合学校的办学定位和人才培养需求，能共同搭建产学研紧密结合的教学、科研、生产加工平台。由此可以看出，各省职业教育产教融合、校企合作政策从宏观领域走向微观领域，确立了职业教育产教融合、校企合作实施的具体细则，增强了职业教育产教融合、校企合作的可操作性。

（五）完善现代职业教育体系政策

5省根据区域经济社会发展实际，先后出台了加快推进现代职业教育体系建设、深化产教融合的实施意见等文件。努力探索建立产教深度融合的现代职业教育体系，形成了一套支持现代职教体系改革的保障政策。5省教育部门以政策文件为依据，以项目为载体，形成了一套自上而下的管理体制，在国家职业教育体系的整体布局下，建立地方教育体制改革领导小组和职业教育部门联席会议制度；建立健全职业教育经费保障机制，依法制定和落实职业院校生均定额拨款制度；用税收金融政策支持职业教育；健全和加强职业教育督导评估机制等①。

5省对现代职业教育体系的构想逐步完善。从5省“十三五”期间的职业教育发展规划来看，虽然各区域发展职业教育的措施和重点各有不同，但在体系衔接、建设目标、基本框架和设计、建设重点和任务、重点保障和办法、机制创新等方面均做出了规定。5省职业教育政策体系不断完善，为其现代职业教育发展提供了法律制度保障。职业教育部门行业协作、校企协同育人的格局初步形成，

① 陈桂梅．现代职业教育体系区域创新发展的政策比较与问题反思[J]．教育与职业，2019（16）：10－17.

逐步向深层次、宽领域、全方位的方向发展。

我国区域经济发展不平衡，产业发展区域特征明显，经济水平、产业特点、企业性质、技术密集度等都存在显著差异，因此，任何根植于本土实践的产教融合、校企合作制度化理论模式都不可能是完善的，必须将理想与现实结合起来，在此基础上合理配置资源①②。

参考文献：

[1] 曹晔．新中国成立70年来职业教育产教融合制度的变迁与展望[J]．教育与职业，2019（19）：19－25.

[2] 周晶，岳金凤．十八大以来中国特色现代职业教育深化产教融合校企合作报告[J]．职业技术教育，2017，38（24）：45－52.

[3] 肖靖．从产教结合到产教融合——40年职业教育的政策变迁[J]．中国高校科技，2019（08）：66－71.

[4] 许艳丽，高会．职业教育产教融合政策特点与优化路径研究——基于38份政策文本的分析[J]．职业技术教育，2019，40（03）：39－44.

[5] 周颉．江浙两省高职院校校企合作成功经验研究[J]．湖北广播电视大学学报，2015，35（05）：22－26.

[6] 张音宇，刘晓军．企业文化在高职院校校园文化创新中的作用和影响——以无锡商业职业技术学院为例[J]．淮海工学院学报（人文社会科学版），2017，15（11）：99－101.

[7] 陈桂梅．现代职业教育体系区域创新发展的政策比较与问题反思[J]．教育与职业，2019（16）：10－17.

[8] 周晶．职业教育校企合作制度化的区域实践及理论反思[J]．职业技术教育，2014，35（04）：35－38.

[9] 张俊平，曹大辉，邱开金．东、中、西部地区高职教育协同创新的比较

① 周晶．职业教育校企合作制度化的区域实践及理论反思[J]．职业技术教育，2014，35（04）：35－38.

② 张俊平，曹大辉，邱开金．东、中、西部地区高职教育协同创新的比较研究——以浙江、湖南、云南为例[J]．职教论坛，2018（01）：145－151.

研究——以浙江、湖南、云南为例[J]. 职教论坛，2018（01）：145-151.

[10] 查吉德. 职业院校校企合作模式与政策分析——基于安徽、浙江的调查[J]. 职教通讯，2017（10）：29-34.

[11] 王贵兰. 我国职业教育校企合作的地区比较分析[J]. 中国职业技术教育，2015（33）：19-22.

第九章　案例研究

案例1　四川卫生康复职业学院“一校两附院”运行机制内涵研究

彭世隆①

一、四川卫生康复职业学院发展历史

四川卫生康复职业学院的前身是1918年成立的“自贡市私立高级仁济高级护士职业学校”，至今已有百年的办学历史。在这百年的办学历史中，四川卫生康复职业学院历经风雨，不忘初心，始终坚持“厚仁广济、笃学躬行”的办学理念，为社会培养了大量优秀的医护人才。回顾四川卫生康复职业学院的历史，可以将其划分为三个阶段。

（一）第一阶段：1918—1951年

1917年仁济医院开办看护训练班，自行培训护士。通过一年办学经验的积累，加之1917年护国战争的爆发，扩大护士的培养规模成为当务之急，因此1918年仁济医院向中国护士联合会备案，正式办校，成立了“自贡市私立高级仁济高级护士职业学校”。1937年由于国内形势的变化，学校停办。1939年川康盐务管理局局长和停办前的职业护士学校校长何美贞决定恢复学校办学。1939年6月成立了“私立自贡市仁济高级护士职业学校”，学制三年半。1945年经过校董决定，民国教育部正式将校名更改为“自贡市私立义济高级护士职业学校”。1949年中华人民共和国成立，经过社会主义改造，在1951年“自贡市私

---

① 作者简介：彭世隆，男，重庆市人，云南大学职业与继续教育学院2019级硕士研究生，现在四川省自贡市四川卫生康复职业学院工作．

立义济高级职业学校”正式更名为“自贡市义济高级护士职业学校”。

在1918年至1951年这33年的发展历史中，四川卫生康复职业院校从民国走到了新中国，其发展可谓极其曲折。经历了停办复办、多次更改校名，总的来说主要有以下几个发展特征：第一，办学规模较小。1917年招收了5名护士，1939年招收了20名学生。办学规模小使得该校在当时拥有较高的办学水平，在民国时期的川南地区十分具有影响力。第二，办学不稳定。1937年至1939年期间学校直接停办。另外一方面在第一阶段的发展历史中学校一共更名四次，这些都体现出了学校办学不稳定。第三，学校办学对医院的依赖度高，各个阶段学校的发展都紧紧依靠仁济医院，实际是“院中校”，在办学经费、师资、实训基地等方面学校都需要医院提供资源支持。

（二）第二阶段：1951—2012年

到1951年，学校经过社会主义改造，更名为“自贡市义济高级护士职业学校”。1952年川南卫生厅决定，川南医干校与自贡市义济护校合并，成立“自贡市卫生学校”。1953年更名为“四川省自贡卫生学校”，同年与内江护士学校合并，1954年更名为“四川省自贡护士学校”，1956年经四川省卫生厅批准又更名为“四川省自贡卫生学校”。在1951年至1956年期间，学校先后与多所学校合并，办学实力不断增强。同时学校经过社会主义改造，明确了自身办学定位和人才培养目标。在这一系列的改革中，学校形成了由省级有关部门与自贡市联合共建、共管的管理体制。1951年以来的探索改革，为自贡卫生学校的高速发展奠定了基础。

在1956年以后，学校开始不断注重加强自身内涵建设，提升社会服务能力。1993年学校开设了职工护士班，为医护人员以及社会人员提供职业培训。2004年学校通过了省教育厅对其护理专业为省级重点专业的检查。2005年1月四川省教育厅决定，将学校的护理专业评审为四川省中等职业技术学校省级重点专业。在1956年至2012年期间学校培养了大量的中等专业层次的医疗卫生类人才，积累了大量的办学经验，在川南地区产生了较大的社会影响力。

（三）第三阶段：2012至今

2012年自贡卫生学校升格成为大专层次学校，并且更名为“四川卫生康复职业学院”。早在 1994 年学校就在尝试举办大专层次的教育。1994 年自贡卫生学校与自贡广播电视学校联合举办高护专业大专班，2000 年学校还与华西医科大学签订了护理学独立本科自考助学班办学协议。升格成为大专层次学校以后，学校坚持高质量发展，在专业建设、人才培养、对外交流与合作方面不断取得新的成就。在专业建设方面，2013 年护理系组建了由学科专业、教师代表、行业代表等组成的首届护理专业建设指导委员会，并且制定了专业建设委员会运行机制。在人才培养方面，2013 年学校与四川眉山卫生职业院校签订了联合举办五年制高职专业教育协议。在对外交流与合作方面，学校多名学生被德国、日本等学校录取，2018 年护理系还与德国企业合作开办了德国雷娜范老年护理班。

为进一步加快学校的发展速度，提升学校的办学质量，根据《国家中长期教育改革和发展规划纲要（2010—2020 年）》等文件的相关精神，2014 年在自贡市委、政府的支持下，自贡市将最大的两所三级甲等医院（自贡市第一人民医院、自贡市第四人民医院）作为学院的附属医院，形成了“一校两附院”的运行体制。现在学校设有职能处室 18 个，系部 7 个，开设有临床医学、针灸推拿、护理、康复治疗技术、医学影像技术、药学、医学检验技术、助产、医学美容技术、中药学、药品经营与管理、眼视光技术、休闲体育、康复辅助器具技术、老年保健与管理、药品生产技术 16 个专业和 2 个专业方向。同时，学校还是“教育部首批 1 + X 证书制度试点院校”“四川省专业技术人员继续教育基地”“省级职业院校教师培养培训基地”“自贡市就业培训基地”“自贡市突发事件紧急救援基地”等教育教改、社会服务基地。

二、四川卫生康复职业学院“一校两附院”运行机制的内涵

运行机制是指“在人类社会有规律的运动中，影响这种运动的各要素结构、功能及其相互关系，以及这些因素产生影响、发挥功能的作用过程和作用原理及其运行方式”①。在这一概念的基础上，我们对“一校两附院”运行机制的基础、特征和保障三个方面开展研究。

① 张倩．中职学校校企合作运行机制研究[D]．上海：华东师范大学，2012.

（一）运行基础

“一校两附院”运行机制的基础包括了社会基础、政策基础和文化基础。

1. 社会基础

运行机制是人类社会所特有的，它的存在和发展必定要具有一定的价值即需要满足一定的社会需求。因此，社会基础是整个运行机制基础构建和实现的根本前提，也就是说没有社会基础，运行机制是无法构建和实现的。四川卫生康复职业学院的“一校两附院”运行机制的建立就在于满足了地方职业教育发展的需要。

2. 政策基础

政策基础对于“一校两附院”运行机制的建立和运行有规范和指引作用。而“一校两附院”运行机制是建设产教融合路径的一种探索，这离不开政策的支持。在产教融合方面，国家出台了一系列促进政策，例如，在《加快推进教育现代化实施方案（2018—2022 年)》中，就提出深化职业教育产教融合是重点任务之一。在 2017 年国务院办公厅发布的《关于深化产教融合的若干意见》中，对我国职业教育的产教融合做出了总体规划和布局，提出了发展要求。2018 年教育部等六部门出台的《职业院校校企合作促进办法》，在共同育人、合作研究、共建机构、共享资源等方面做出了详细规定。这些政策为“一校两附院”运行机制的存在提供了政策基础。

3. 文化基础

文化具有整合功能，整合功能中最根本、最基础的就是价值整合，只有价值一致才有结构和行为的协调。四川卫生康复职业学院与两所附院具有共同的文化基础，这大大减少了“一校两附院”运行机制建立和运行的阻力。一方面，学校与附院具有深厚的渊源。学校在开办之初就是自贡第一人民医院前身仁济医院开办的，并且在 2005 年学校成立了护理教研室、护理实训中心，并与自贡市第一人民医院护理部合并成一个部门。另一方面，学校与医院也具有共同的价值观。四川卫生康复职业学院的校训是“大仁求学、大医济人”，学院精神是“厚仁广济、笃学躬行”。自贡市第一人民医院以“仁爱精业、济世自强”为院训；自贡市第四人民医院以“拼搏进取、精益求精”为院训，“患者至上、医者至尊”为核心价值观。可以看出，学校与医院都将“救死扶伤、求学济人”作为自己的文化内核，使得它们具有共同的价值追求。

（二）运行特征

“一校两附院”运行机制的建立奠定了四川卫生康复职业学院的发展基础。该机制主要包括以一校为中心、两院为双翼，统一组织领导，强化制度保障，整合校医资源，深化产教融合等独特的特点。

1. 以一校为中心、两院为双翼

以学校为中心、两所附院为双翼，四川卫生康复职业学院的“一校两附院”运行机制是最突出的特征。“一校两附院”运行机制的目的就是为了提升四川卫生康复职业学院的办学水平，培养具有高素质高技能的医疗卫生类人才。学校通过培养大量优秀的护理人才，为两所附院的护士队伍的建设提供人才支撑，而两所附院又通过参与人才培养、实训实习等助力学校的发展。

四川卫生康复职业学院作为一所专科层次的学校，其人才培养类型、层次以及科研等都与两所附院的需求存在一定的差距。因此在设计这一运行机制之初就规定了两所附院依旧具有独立的法人资格，并且原有的经费形式不变，独立核算，对外名称保持不变。总的来看，在“一校两附院”的运行机制中，学校与医院既相互联系，又彼此独立。

2. 搭建了统一的组织领导机制

“一校两附院”运行机制的另一个特征就在于主要从三个层面构建了统一的组织领导体制，大大加强了组织内部协调能力。第一，主管部门层面。在我国现行行政体制下，学校一般归地方教育部门主管，医院由当地卫生局主管。但在“一校两附院”的运行机制下，学校由教育局和卫生健康委员会共同管理。这为学校和医院之间人员的流动、资产的使用和管理等提供了极大的便利。第二，学校层面。两所附院和学校都由同一个人担任党委书记，统一领导。第三，学院层面。部分医院的领导干部到学校的二级学院兼职作为主管领导，领导二级学院发展。例如，两所附院的护理部主任同时兼任学校护理学院的副院长，大大加强了医院和学校的联系。

3. 整合校医资源，不断深化产教融合

整合校医资源，不断深化产教融合是“一校两附院”的又一个重要特征。整合资源对于提升资源利用效率、增强教学质量、拓展教学空间具有重要的作用。职业教育作为一种与社会生产和服务密切相关的教育类型，人才培养的过程需要在真实的工作环境中进行。所以在“一校两附院”运行机制下，整合校医资源有其必然性和应然性。具体表现在以下几个方面：第一，人力资源的整合。学校和两所附院在人事任命上是相通的，学校和医院的职工可以任职。第二，教学资源的整合。在“一校两附院”运行机制下，医院的相关科室、仪器设备等都能够作为学校的教学场所和设备。

（三）运行保障

“一校两附院”运行机制的运作是需要一系列条件为前提的，具体来说可以分为制度保障、质量保障和资源保障。

1. 制度保障

制度保障是根本。没有制度体系的保障，“一校两附院”运行机制的建立和运作都是无法实现的。“一校两附院”运行机制的制度保障首先就是国家、四川省出台的关于促进职业教育发展的相关文件，例如，教育部等九部门2020年印发的《职业教育提质培优行动计（2020—2023年）》等。这些文件为“一校两附院”的建设和运作提供了法律和政策基础。在此基础上，针对学校和两所附院合作的具体问题制定规章，以协调其运行机制。例如，由于学校与医院在预算上是独立的，所以针对学生在附院进行的临床见习、岗位体验、实习等教学活动所产生的费用等问题，制定了《四川卫生康复职业学院实践教学管理办法》，规定了费用的计算方法、支付方式等。

2. 质量保障

质量保障是关键。高质量才能达成高水平的职业教育目标。国际标准化组织IS09000将“质量保障”定义为：提供某种实体满足质量要求的信赖程度，在质量体系内实施且按照需要进行的全部有策划的系统的活动①。从这个定义可以看

① 韩萌．高校本科教育内部质量保障体系及运行机制研究［D］．哈尔滨：东北农业大学，2017.

出质量保障强调某个对象能够达到相关的标准。而“一校两附院”运行机制的质量保障在于使这个运行机制始终是指向提升学校办学实力、促进产教融合、校企合作这一方向。因此，四川卫生康复职业学院根据《高等职业院校内部质量保证体系诊断与改进指导方案（试行)》等相关文件在学校、专业、课程、教师、学生五个层面开展了内部诊断与改进工作，从而保证“一校两附院”运行机制高质量运行。

3. 资源保障

运行机制的运作是需要消耗资源的，只有投入相关资源它才能持续不断地运作并发挥作用，因此资源保障是运行保障的基础。2015 年当地政府采用产权置换等方式规划建设了占地 2000 余亩的四川卫生康复职业学院新校区。2018 年该校区正式启用。新校区的启用一方面扩大了学校的面积，提高了学校办学能力，增强了校医合作的基础；另一方面，新校区在规划建设中也充分考虑了“一校两附院”运行机制的需求，建设了学术报告厅、实验室、实训室等。现校内相关实践教学设备总值在 7000 万元左右。这些设施设备都是与附院共同使用的，例如，护理学院建设的智慧考站就多次举办了两所附院举办的考试。

三、“一校两附院”运行机制的运行成效

在“一校两附院”运行机制下，四川卫生康复职业学院护理学院依托两附院的资源，持续深化产教融合，不断探索产教融合的路径，形成了“校医联合、学院主导”的独特产教融合模式。在人才培养、师资队伍建设、实习实训等方面取得了较好的成效。

（一）人才培养

人才培养是有目的有计划地教育和培训的过程①。2015 年教育部出台的《关于深化职业教育教学改革全面提高人才培养质量的若干意见》中提到，要发挥企业重要办学主体作用，推进行业企业参与人才培养全过程，实现校企协同育人。文件要求要推动专业人才培养与岗位需求衔接，人才培养链和产业链相融合。在

① 包艳姣．职业能力导向下中职导游类专业人才培养策略研究[D]．桂林：广西师范大学，2019.

“一校两附院”的运行机制下，校医深度合作，共同进行人才培养。这主要体现在人才培养模式方面，而人才培养模式一般涵盖培养目标（定位）、培养过程（途径）、培养制度（管理）、培养评价（改进）四个方面①。

四川卫生康复职业学院各个医学类专业根据专业特点，依托“一校两附院”的运行机制，各个医学类专业邀请了医院相关专业共同组建了专业建设委员会。后者对专业建设工作提出了改进意见和建议，提出人才培养目标、培养方案、培养模式、专业发展规划、专业设置调整的建议和意见。而且专业建设委员会每年都会召开一次全体会议，评估上年的人才培养情况，交流社会、行业等发展的最新情况，提出人才培养的相关意见。

以四川卫生康复职业学院护理学院的助产专业为例。助产专业通过专业建设委员会制定了培养从事助产、护理、计划生育指导、母婴保健和社区卫生服务工作的德智体美劳全面发展的高素质技术技能型助产专门人才的人才培养目标。而在人才培养过程中，两所附院可以说是全程参与到了助产专业的人才培养中：在入学教育中会安排新生到医院的妇产科、产科等进行临床体验；在专业课程实施中学生会到两所附院临床见习，在一线与医院安排的带教老师全程跟岗学习；在毕业实习中会安排学生36周的时间到医院进行实习。

在人才培养制度（管理）和培养评价（改进）方面，因为助产专业的学生是要到两所附院进行学习的，这对于医院来说既要教授学生相关知识，同时也是对学生的一种考察方式。在这个过程中，医院的相关专家发现了问题，就可以通过专业建设委员会进行反馈，及时调整人才培养方案或者课程实施体系。同时，在专业建设委员会休会期间，委员会秘书会通过电子邮件或者其他方式向各位委员通报学院情况，收集委员的意见和建议。

（二）师资队伍建设

师资队伍的不断强大是“一校两附院”运行机制的又一重要成效，总的来说主要表现在如下方面：第一，有力补充了学校专业教师数量，形成了一支既具有丰富临床经验，又具有扎实教学功底的兼职教师队伍。四川卫生康复职业学院

① 任江波．中职教育校企合作人才培养模式研究[D]．贵阳：贵州师范大学，2019.

现有在校生接近一万人，200 名左右教授专业课程的专任教师。在“一校两附院”运行机制建立以后，每学期就有接近200名来自自贡市一、四医院的医护人员到学校教授专业课。另一方面，学校为了保证教学质量，要求来校上课的兼职教师必须具备中级及以上职称，同时对于第一次来校上课的教师，学校还组织教学经验丰富的专任教师对其进行试讲测试，保障了师资的授课质量。对于兼职教师，学校设立了集体备课制度，要求兼职教师参加各个二级学院的集体备考，以保证教学质量。

第二，极大优化了师资队伍结构。合理、科学的人员结构对于学校师资队伍的生命力和活力都具有至关重要的影响。学校由于升格大专的时间还不长，加之处于四川非核心区域，因此师资队伍还存在着年龄结构不合理、年轻一代教师较少的情况；教师学历结构不合理，拥有研究生及其以上的高学历教师较少。以学校的护理学院为例，截至 2020 年，护理学院共有专任教师 60 人，其中 20～30 岁的专任教师 7 人，占比 11.67%；30～40 岁的 32 人，占比 53.3%；40～50 岁的 14 人，占比 23.33%；50 岁以上的 7 人，占比 11.67%。其中，研究生及其以上学历的专任教师 16 人，占比 26%。通过“一校两附院”运行机制，医院的医护人员加入到了学校的师资队伍中，极大地优化了师资队伍结构。

第三，较好地提升了师资培训能力。职业教育师资队伍建设作为职业教育人才培养质量提高的基础性保障，其培养也逐步成为我国大力发展职业教育的关键所在①。近几年来医疗卫生行业发展十分迅速，特别是新冠肺炎疫情暴发以来，国家对医院等医疗卫生单位的投入增加，大量的新设备、新技术、新管理运用到了临床中。学生是否能够通过在校的学习获得与临床要求一致的岗位能力，与教师是否掌握临床最新发展情况具有重要关系。因此，在“一校两附院”的运行机制之下，医院为学校的专任教师提供了结合临床、顶岗学习、合作交流等机会。专任教师每学年要到医院结合临床两周、顶岗学习四周，还可以参加医院组织的各种学习会议等。

---

① 孙国良，徐珍珍，刘晓．我国职教师资培训：历史、现状与体系构建[J]．中国职业技术教育，2015（15）：51－55.

（三）实习实训

实习实训是高职院校最具特色的培养学生实践能力的途径，也是实现和加强校企合作、密切与企业联系的具体表现①。同时，实习实训对于培训学生的岗位能力具有关键性作用。对于实习实训的重要性以及实施，国家出台了多部文件。其中在2019年教育部出台的《关于职业院校专业人才培养方案制订与实施工作的指导意见》中对实践教学进行了详细规定。文件要求强化实践环节，加强实践性教学，并且对实践性教学的课时数也做出了要求，实践性教学学时原则上占总学时数的50%以上。文件还要求结合实习实训强化劳动教育，明确劳动教育时间，弘扬劳动精神、劳模精神，教育引导学生崇尚劳动、尊重劳动。“一校两附院”运行机制大大提升了学校实习实训能力。

第一是学校实习实训基地的建设。通过“一校两附院”运行机制，两所附属医院都成为学校的实习实训基地。这一方面增加了学校实习实训的场所，大大增强了学校开展实践教学的能力，另一方面增加了医院的服务能力。

第二是实习实训课程的开设和实施。作为学校的实训基地两所附院为学校开设和实施多样的实践教学提供了可能。以学校的护理学院为例，学院为了培养学生的岗位能力，提出了“早临床、多临床、反复临床”的实践教学理念。护理系依托两附院的平台，开设了入学教育、岗位体验、社会实践等实践课程。

第三是实习实训制度建设。为了提升学生实习实训质量，保障学生实习实训安全和权益等问题，在“一校两附院”的运行机制下学校和两所附院共同制定了《职业院校学生实习管理规定》《四川卫生康复职业学院实践教学管理办法》等，并且各个二级学院根据专业设置情况、专业特点、实习特点等也制定了相关的实践教学规定，如护理学院制定了《护理学院实习生分配制度》《护理学院实习生岗前培训制度》《护理学院实习成绩考核办法》等。

四、结　语

四川卫生康复职业学院“一校两附院”运行机制的建立以及高效运行有着

---

① 王音音．高职院校内部实习实训制度内容研究[D]．沈阳：沈阳师范大学，2019.

其深厚的历史文化渊源，探索出了一条符合地方实际，符合学校、行业需求的产教融合、校企合作的道路。“一校两附院”运行机制运行至今已有九年时间，在人才培养、师资队伍建设、实训实习等方面都取得了较好的成效。但是，该机制还存在着耦合度不够、融合程度不深、互惠互利不大等问题。这需要在未来的发展中持续关注和研究。

案例2　云南省高职院校产教融合、校企合作的经验及发展路径研究

——以K职业技术学院为例

李　情[1]

党的十八届三中全会提出，高职院校要“加快现代职业教育体系建设，深化产教融合、校企合作，培养高素质的劳动者和技能型人才”。云南省坚持贯彻落实国家各项政策，近几年，云南省各高职院校在产教融合、校企合作方面已取得了一定的成绩。

一、云南省高职院校产教融合、校企合作的现状

（一）重视政策导向，不断推动产教融合、校企合作的发展

通过在云南省人民政府办公厅官网、云南教育厅官网等网站对云南省职业院校产教融合相关政策进行搜索发现，2014年至2020年3月共颁布涉及职业院校产教融合政策文件22项，从中可以看出，云南省各级政府在国家相关文件指导下，结合云南省地方实际出台了符合地方发展需要的职业院校产教融合政策文本，在一定程度上促进了云南省职业院校产教的进一步融合。

（二）产教融合、校企合作方式多样化

云南省高职院校产教融合、校企合作的方式呈现出多样化的特点，分别有顶

① 作者简介：李情，女，云南省昭通市人，云南大学职业与继续教育学院2015级硕士研究生.

岗实习、订单式培养、现代学徒制、引企入校、共建实习实训基地、集团办学、职教园区、学校办厂和企业办学。云南机电职业技术学院围绕云南区域产业发展需要，强化云南机电职教集团建设，打造了机电一体化专业群、智能制造专业群等8个产业集群，坚持“依托行业、校厂一体、产教融合”的办学理念，大力倡导“校中厂、厂中校、混合所有制二级学院、产业学院”的办学模式。云南交通职业技术学院和云南实力控股集团有限公司于2019年6月18日签署了校企合作的现代学徒制协同育人协议，成立了实力建筑工程产业学院。

（三）产教融合、校企合作程度不断深化

《2020年云南省高等职业教育质量年度报告》数据显示，企业与学校在人才培养过程中的合作不断深化。具体表现如下表所示：

表9-1　云南省校企合作情况表

项目	2019年	2020年
合作企业订单培养人数占全日制高职在校生人数比例（%）（中位数）	1.4	1.76
校企合作共同开发课程门数占开设课程总门数比例（%）（中位数）	1.27	1.55
专业拥有校企合作共同开发教材平均数（本/个）（中位数）	0.17	0.15
企业录用顶岗实习毕业生比例（%）（中位数）	37.5	32.05
学校为企业技术服务年收入（万元）	980.25	1202.65
学校为合作企业培训员工（人次）	171648.8	282732.5
企业提供的校内实践教学设备值（万元）	5449.69	11175.25
企业兼职教师年课时总量（课时）	367042.73	440913.4

数据来源：2020年云南省高等职业教育质量年报。

二、K职业技术学院在产教融合、校企合作方面的经验

（一）K职业技术学院的基本情况

K职业技术学院是由中国宝武昆钢公司主办的一所办学特色十分鲜明的公办高职院校，具有57年的职业教育办学历史，秉承“学以致用、德优技高”的校训，形成了“校企一体、铸钢铸才”的办学特色。2019年12月，该院立项中国

特色高水平高职学校和专业建设计划建设单位（“双高”），开设能源动力与材料、装备制造、电子信息、财经商贸等12个专业大类的62个专科专业，专业涵盖工学和管理学两个学科门类。学校现有在校生15000人，教职工总数749人，专任教师502人。其中，中级及以上职称教师占教职工总人数的49.26%，具有研究生及以上学历教师占教职工总数的34.17%。

（二）K职业技术学院在产教融合、校企合作方面的具体做法

1. 校企共建实训室

学校依托昆钢公司办学，校企深度融合，拥有得天独厚的实习实训条件，目前建成校内实训室94个，与昆钢玉溪新兴钢铁公司、昆钢股份公司棒材厂、昆钢股份公司线材厂、昆钢股份公司炼铁厂、红河钢铁公司、昆钢耐火材料公司、云南铜业股份有限公司、玉溪华利机电设备有限公司等单位合作建立了68个校外实习实训基地。合作实习实训项目有204个，实现了资源的综合利用，满足了管理技术、材料工程技术、电力系统自动化技术专业等52个专业学生的认知实习、生产实习、顶岗实习等实践环节的实习需要。

2. 校企合作，促进教师队伍建设

K职业技术学院现有教职工749人，专任教师502人，具备双师素质的专任教师占比63.94%的要求。为了提升学校教师的素质，充实教师队伍，学校充分利用校企一体的办学优势，选聘了1052名来自企业并具有中级以上专业技术职称的技术人员，组建了校外兼课教师资源库；聘请了24名校外专家作为学校学术委员会成员，不定期到学校开展学术讲座；聘请了3名企业高级工程师作为学校专业建设指导委员会委员，参与学校专业建设工作。昆钢制定了企业专业技术人员履职晋级考核管理办法，明确了企业专业技术人员承担学校教学任务的要求和考核办法。

加强教师培养，提升教师素质。K职业技术学院制定了教师带徒机制、教师下厂实践锻炼制度，骨干教师参与企业项目开发、参与工学结合人才培养方案，以及课程教学资源开发方案，希望通过外培、内培、校企互聘共培的方式打造“三化”“四师”型师资队伍（“三化”即职业化程度高、工程化能力强、国际化视野宽；“四师”即企业内训师、讲授之师、工程应用之师、技能之师）。

3. 政校企合作，三元育人，拓展优质就业渠道

为创新人才培养模式，培养产业、企业急需的高素质技术技能人才，帮助学生平稳就业，实现学校人才培养与企业需求对接。2020 年，K 职业技术学院与浙江嘉兴、苏州工业园区、杭州市北仑区、浙江省义乌市人力资源和社会保障局及辖区企业建立了友好合作关系，搭就了学校与政府、企业三方深度合作战略，开创了“政府搭台、高校育人、企业用才”三位一体产教融合新模式，实现了人才与技术、产业的精准对接，促进了学校发展与企业发展和区域社会发展的同频共振。K 职业技术学院还与嘉兴市秀洲区合作成立“K 职业技术学院驻嘉大学生服务工作站”和“K 职业技术学院秀洲区就业创业实习实践基地”，为毕业生搭建了通往省外就业的通道。

为了与企业更好地合作，实现毕业生高质量就业，K 职业技术学院制定了《K 职业技术学院优质就业基地遴选制度》。根据招聘人数、安全性、就业稳定性、发展空间四个维度遴选出 30 家“K 职业技术学院毕业生优质就业基地”、20 家“K 职业技术学院毕业生就业工作特殊贡献奖”，给优质就业单位提供优先招聘权，巩固毕业生实习、就业基地建设。

4. 校企合作，创新人才培养模式

K 职业技术学院积极探索与实践“学院 + 企业”的“双导师（教师、师傅）、双场地（学校、企业）、双身份（学生、学徒）”人才培养模式，积极推进课程项目化、任务化、理实一体化的教学改革模式。

K 职业技术学院与企业合作，围绕提升人才培养质量，改革人才培养模式和建立现代学徒制管理制度，针对不同专业的特点探索不同的培养模式。如黑色冶金技术专业形成“多段式、交替式”人才培养模式，电气自动化技术专业形成“24224”人才培养模式，大健康类专业形成“两条主线、三个阶段、六培养机制”的人才培养模式，建筑工程技术专业形成“任务驱动式”人才培养模式。

5. 校企合作，共建科研团队

为了培养和提升企业技术人员，学校骨干教师的技术、技能及实践动手能力，学校积极与当地企业合作共建科研团队，共同成立大师工作室 3 个，共同申报省级科研项目——CAM 加工技术在昆钢奇好泵系列产品加工过程中的应用与实践研究。同时，学校与昆钢及周边企业共同开展共建粉末冶金、管道运输应用

技术、新材料3D打印成型应用技术、工业机器人技术研发及推广等方面合作，校企共同完成科研任务，将企业高技能人才技术技能提升与高校专业骨干教师实践动手能力培养相结合，加强了企业技术骨干与高校专业骨干之间的交流与切磋。

6. 校企合作，承办技能大赛

校企协作，承办职工技能竞赛。学校配合完成了昆钢公司青工（装配钳工）技能大赛的相关工作，协办了云南省振兴杯青工（装配钳工）技能大赛，为企业职工提供了技术交流的平台。

校企还合作承办了学生技能竞赛。如学校与北京华航唯实机器人科技股份有限公司、重庆华中数控机器人有限公司开展合作，承办了云南省高等学校职业技能大赛——工业机器人应用技术赛项。北京华航唯实机器人科技股份有限公司和重庆华中数控机器人有限公司主要为赛项提供赞助，为参赛师生提供技术培训①。

（三）K职业技术学院在产教融合、校企合作方面的特色

K职业技术学院是企业办学，它具备了企业办学的先天优势，基本实现了办学过程中的融合。企业办学可以将企业文化、价值理念以及职业标准贯穿到人才培养过程中，能够有效实现产业链、教育链与人才链之间的无缝对接。同时，企业专家加入学校专业建设指导委员会，负责学校专业的开设与课程的建设，能够拓展专业内涵建设、实践教学建设、课程教学改革等方面的改革创新思路；利用企业环境对学校教师进行实践锻炼的同时，还可选聘企业专业技术人员、技师、高级技师等能工巧匠担任兼职教师，使企业技术骨干与专业骨干教师联合开展科研工作，共同开发实训项目和课程教学资源，这在一定程度上可优化学校教师队伍结构，提升教师培养质量。校地企合作、三元育人模式，可实现毕业生“学成有业、优质就业”的目标；企业办学能够很好实现“人才培养与企业需求相融合，专业教师与企业能工巧匠相融合，教学内容与工作任务相融合，能力考核与技能鉴定相融合，理论教学和技能培训相融合，校园文化与企业文化相融合”的产教深度六融合的高职人才培养模式。

---

① 2019年K职业技术学院高等职业教育人才培养质量年度报告.

三、K 职业技术学院在产教融合、校企合作方面存在的不足

（一）师资力量较薄弱

目前学院教师队伍结构有待于改善，重点专业教师、“双师型”教师数量不足，高学历、高层次、高水平名师少。学院专任教师中没有正高职称教师，缺乏一批在产业、行业、企业有影响力的领军教师。

（二）办学资源不足

随着学院近两年招生规模的不断扩大，学院办学空间有待扩展。学校是国企办学，办学经费主要来源于学生学费；虽然有主办方昆钢公司的生均拨款，但是受经济下行的影响，昆钢公司资金紧张，对学校的支持力度有限，导致学校的办学资金不足，影响了学校发展，最终影响了产教融合、校企合作的办学成效。

（三）服务产业的专业布局需进一步调整优化

随着社会经济发展方式转变，产业结构调整，学校部分专业与产业发展脱节，未形成相互支撑、优势明显的专业群，专业间发展不平衡。

四、云南省高职院校产教融合、校企合作的发展路径

因 K 职业技术学院为企业办学，有着校企一体的特色，在产教融合、校企合作方面有着天然的优势，并且在产教融合、校企合作方面也进行了一定的探索。现根据该职业技术学院的经验，总结云南省高职院校产教融合、校企合作的发展路径如下：

（一）校企合作，共建“双师型”教师队伍

当前虽大力提倡从企业能工巧匠中选拔高职院校教师，但高职院校中仍存在部分没有企业经历的教师，因此，加强师资队伍的建设十分必要。首先，可以依托国培、省培、校内培训、企业顶岗锻炼等培训项目，对教师进行多方式、多元化的培训，以拓宽教师的视野，提升教师的实践能力。其次，要在校内形成教师

参与企业实践的体制机制，培养教师形成实践锻炼的自觉性和主动性[①]。再次，构建师带徒机制，充分发挥“老带新”的传帮带作用，发挥骨干教师的标杆作用，对新进年轻教师给予指导，提升年轻教师的业务能力。最后，选聘企业中具有中级以上专业技术职务的专业技术人员、技师、高级技师等能工巧匠，组建校外兼课教师资源库，教授学生实习实践课程。

（二）校企共建产教融合平台

一是校企共建混合所有制产业学院，创新人才培养模式。国务院《关于加快发展现代职业教育的决定》中提出：“探索发展股份制、混合所有制职业院校，允许以资本、知识、技术、管理等要素参与办学，并享相应权利。”学校与企业共建兼具企业人才培训、产业研究、学生实习实践与创新创业功能的产业学院。校企双方共同制订人才培养方案与课程标准，共同编写教材，共同组建师资团队，共同参与学生管理，共同实施“学生 + 员工”的人才培养模式，不断提升人才培养质量，为企业持续不断输送高素质技术技能人才。

二是校企共建高水平实训基地，学校与企业共同建设集“教、学、训、创、研、赛”于一体的数字化、网络化智能制造产教融合实训基地。K 职业技术学院与云南昆钢重型装备制造集团有限公司建成昆钢智能制造特色实训基地，该基地已成为校企双方开展科研课题研究、成果转化，开展复杂工件焊接工艺攻关的重要阵地。

三是校企双方共建工作室。学校与企业合作共建工作室，实施企业能工巧匠与学校骨干专任教师双向互派机制。企业兼职教师参与专业群教学、课程开发、人才培养方案修订等，学院教师参与企业实际生产、技术研发等，形成“你中有我、我中有你”的校企合作模式。

（三）多措并举提升高职院校社会服务能力，加强自身内涵建设

据调查，云南高职院校参与社会服务仍存在着服务意识不强、服务内容单一、服务方式缺乏创新等问题，导致高职院校为地方区域服务的能力较弱。一旦

---

① 马华敏．产教融合背景下高职院校创新人才培养模式的构建及实施建议［J］．宁波职业技术学院学报，2020（06）：1－5.

高职院校的社会服务能力无法满足企业发展的需求，失去对企业的吸引力，高职院校产教融合、校企合作就很难开展。因此，高职院校要增强自身社会服务能力。主要途径有：第一，学校要大力支持教师面向企业、行业协会及社区等积极开展技术研发、技术咨询、项目策划、产品设计、社会培训等服务，不断提升社会服务能力；第二，学校需主动出击，把握“中国制造2025”，面向云南省“八大产业”，积极到用人单位进行调研，将企业诉求、职业要求、岗位需求有机结合，构建实现产业和专业、理论和实践、课程内容和职业标准相对接的课程和专业体系，培养地区发展和企业所需的高技能人才。

（四）营造高职教育产教融合、校企合作文化

当前云南高职院校在开展产教融合、校企合作时，主要着眼点在于体制机制、合作方式等方面，缺乏对于校企文化融合的关注。有学者曾指出，文化生态对我国高职教育产教融合、校企合作的发展影响至深至广且效果突出，决定着社会公众参与高职教育产教融合、校企合作的意愿、心理、价值取向与行为取舍[①]。由此可见，校企文化的融合对于高职院校推广产教融合、校企合作意义重大。具体做法可从以下方面入手：在政府层面，加大对职业教育产教融合、校企合作的宣传力度，建立全民参与的“职业教育活动周”制度，创新全国职业院校技能大赛制度，深度有效地推动职业教育产教融合、校企合作工作的开展；在学校层面，可设立宣传橱窗、板报长廊系统介绍各类知名企业文化，建立企业文化长廊，宣传优秀的企业精神；开展特色性的创业大赛和专业技能竞赛，将企业生产质量管理制度引入职业院校教学质量管理中，创新教学管理机制及教学质量企业评价机制；在专业建设和课程建设中，以企业的需求为主，有效融入企业的经营理念、核心价值体系和企业精神。

① 赵永胜．职业教育产教融合校企合作成效问题研究［J］．成人教育，2020（01）：64－70.

案例3　深化产教融合　助力乡村振兴

——以遵义市B中等职业院校为例

中职教育产教融合、助力乡村振兴战略，旨在按照乡村振兴战略的总要求，增强新时代中职教育的适应性，通过深化中职教育与乡村振兴的耦合关系，构建校村合作发展命运共同体，为统筹促进乡村经济、乡村产业、乡村人才、乡村生态、乡村社会、乡村治理、乡村教育、乡村文化等发展增值赋能，提质增效。

一、中职教育产教融合、助力乡村振兴战略的背景和意义

党的十九大提出实施乡村振兴战略，要坚持农业农村优先发展，按照产业兴旺、生态宜居、乡风文明、治理有效、生活富裕的总要求，建立健全城乡融合发展体制机制和政策体系，加快推进农业农村现代化。2021年中央一号文件提出“民族要复兴，乡村必振兴”的重大发展主题，要求健全城乡融合发展机制，实施乡村建设行动，由脱贫攻坚向乡村振兴转变。2021年《政府工作报告》中多次提及乡村振兴，要求全面推进乡村振兴，完善新型城镇化战略。《中华人民共和国国民经济和社会发展第十四个五年规划和2035年远景目标纲要》也提出，坚持农业农村优先发展，全面推进乡村振兴。

职业教育要主动并有效地服务乡村振兴战略，“必须以产教融合为切入点，深化体制机制改革”。《国家职业教育改革实施方案》强调：“促进产教融合校企‘双元育人’，职业院校应当根据自身特点和人才培养需要，主动与具备条件的企业在人才培养、技术创新、就业创业、社会服务、文化传承等方面开展有效合作。”[①]《国家产教融合建设试点实施方案》提出，深化产教融合是推动教育优先发展、人才引领发展、产业创新发展的战略性举措。在全面实施乡村振兴战略的

① 刘波，欧阳恩剑．职业教育产教融合的本质、特征与价值取向——基于耦合理论的视角[J]．职教论坛，2021，37（08）：60－67.

当下，中职教育通过产教融合赋能乡村振兴战略具有重大的现实意义[①]。

第一，有利于涉农专业群与农业产业链的对接，实现与乡村经济发展的有机融合。中职教育要服务乡村振兴，必须以乡村产业和经济发展的需求为导向，通过深化产教融合，有利于中职院校明确专业发展的方向与定位，对涉农专业结构进行优化和调整，从而以涉农专业群对接农业产业链[②]，在精准助力乡村经济社会发展的同时促进自身的高质量发展。

第二，有利于增强人才培养的匹配度，为乡村振兴提供人才支撑。乡村振兴，离不开人才振兴。据农业农村部统计，我国农村实用人才占乡村就业人员总数的比例不足5%。农技推广人才“青黄不接”，农业新产业新业态急需紧缺人才严重不足，“招人难、留人更难”的现象还相当普遍[③]。与实施乡村振兴战略的人才需求相比，职业教育在人才培养供给侧还存在结构不优、规模不大、质量不高等现实问题。中职教育通过深化产教融合，能够创新人才培养模式，加大人才培养力度，提升人才培养质量，更好地满足乡村振兴的“三农”人才需要。

二、学校基本情况

遵义市B中等职业院校建于1980年，地处遵义市新城区中心，是一所集学历教育、技能培训、科研于一体的公办全日制国家级重点中等职业院校、国家中等职业教育改革发展示范学校、全国职业院校数字化校园实验室。学校坚持以“德育为先、技能为重、就业为本、升学并重”的办学宗旨，通过“精一门、会两门、懂三门”为主线的专业教学方式，建立了“多证书”的人才培养模式。学校占地面积近371亩，现有教职工407人，高级讲师92人，讲师125人，双师型教师180人，在校学生7098人；开设有建筑工程施工、建筑装饰、计算机、平面设计、电子商务、护理、幼儿保育、旅游与酒店管理（含高铁税务）、服装

① 朱忠义，郭广军，周凌博．高职教育产教融合赋能乡村振兴战略的问题与推进策略［J］．教育与职业，2021（15）：12－18.

② 徐小容，李炯光，苟淋．产业振兴：职业教育与乡村产业的融合机理及旨归［J］．民族教育研究，2020，31（03）：11－15.

③ 王云清．新型职业农民产教融合培育模式的建构与创新实践［J］．中国职业技术教育，2020（36）：53－57.

制作与生产管理、现代农艺技术、汽车运用与维修、工程机械运用与维修、电子技术运用12个专业。B中等职业院校根据中职学生特点和乡村振兴需求，在乡村振兴班开设了思想政治、乡村振兴、综合素质三大板块共12门课程，建设了蔬菜、食用菌、花卉、草莓等乡村振兴实训基地。此外，为了让学生熟悉村级两委运作模式，学校还建设了模拟“村级党群服务中心”，打造了村级组织实训基地。乡村振兴班的学生走进乡村后，参与巩固脱贫攻坚行动，入户进行人口普查，在村干部的带领下了解本村产业发展，帮助处理村民矛盾纠纷等。他们在乡村这个社会大课堂中磨炼自己，也思考自己未来的人生规划。

三、遵义市B中等职业院校助力乡村振兴的具体举措

（一）实施双培养工程 引企业进课堂

为认真贯彻党中央关于实施乡村振兴战略重大决策部署，2020年2月份，遵义出台政策，实施“双培养”工程，即“乡村振兴村级组织领军人才培养工程、在遵义市中等职业院校实施乡村后备人才培养工程”，计划用3年时间，培养一支“思想有高度、带富有路子、治理有方法、群众有口碑、发展有潜力”的乡村振兴人才队伍。播州区抢抓全市乡村振兴人才培养试点机遇，以B中等职业院校为依托，开设乡村振兴村级后备干部培训班，“订单式”培养村级后备干部，为村（社）组织提供有力的人才保证，为乡村振兴注入“新血液”。培训专家团队主要由外聘专家（中共中央党校教授、国家行政学院教授）、区内专家（区委组织部副部长、区就业局局长）、产业带头人（绿动九丰专业合作社理事长、三社融合发展专业合作社理事长）、优秀基层干部（共青社区党委书记）、省级名师、市级名师、区级名师组成，将产业引进课堂，深化产教融合；实施农业实用技术人才培育计划，培育一批知农村、懂农事、有技术的新型职业农民；实施创新创业人才培育计划，培育一批具有创新意识、创业精神、创富本领的乡村人才。

（二）理实一体化教学 增强产业发展

学校十分重视教育与产业的结合，将教学过程与工作过程密切对接，形成了“理论课堂＋实训课堂＋基地课堂”的教学模式，打破了传统教室课堂的局限

性。实训课堂主要是指各类实训室和实验室，基地课堂主要是在具体的产业基地中进行实践，如食用菌生产基地、辣椒种植基地、蔬菜销售基地等；学校更加重视学生的实践教学，让学生能够“边学、边看、边干”。这不仅促进了学生的实践学习，让学生更加清楚了解具体的工作过程、工作任务，也助力了当地产业经济的发展。

（三）共建实训园区　深化产教融合

遵义市B中等职业院校在校内建设了播州区乡村振兴实训园区，目的是提高实践教学质量，培养学生职业技能、创新创业能力，是与区委组织部、区教育局、区扶贫办、区林业局、区人社局等部门开展“校企合作”的成果，具有教学、实训、技能培训、科研开发、生产经营等功能。园区占地约50亩，主要功能分区为“一馆四苑三基地”。“一馆”即300平方米乡村振兴陈列馆（已完成主体工程）；“四苑”即取“乡村振兴”四字谐音，即香香苑、春春苑、珍珍苑、欣欣苑，分别为蔬菜生产教学实训大棚、智能温室育苗教学实训大棚、食用菌标准化生产教学实训大棚、花卉生产教学实训大棚；“三基地”即草莓生产教学实训基地、食用菌普通型生产教学实训基地、露地蔬菜种植教学实训基地。另外，学校还结合园区地形地貌建设生态休闲区，种植红心柚等经果林，突出“绿水青山就是金山银山”的“生态振兴”新思路，建设“农家院坝会”实训基地，突出“党的声音进万家，总书记话儿记心上”的群众工作途径和方式。除此以外，校内还设立了食用菌研所、食用菌培训中心、食用菌实训基地等。

四、经验与成效

遵义市依托B中等职业院校，按照“前置选调、入学跟培、跟岗学习、跟踪管理”的思路，在中等职业院校的优等生中“挑一批”，从外出务工经商年轻能人中“引一批”，在农村青年人才中“选一批”，在全市14个县（市、区）公办中等职业院校设立乡村振兴后备力量培训班，初步形成了依托中职学校充实村级后备力量的培训体系。按照计划，B中等职业院校每年至少要培养乡村振兴后备人才50人。学生可以利用晚自习、周末集中培训等机会学习和实践。在学生最后一年见习期，对于乐于返乡的学生，可择优选派到村级组织、集体经济、龙头企业顶岗实习，为遵义市全面融入成渝双城经济圈的战略部署提供了大量的本土人才，打造了一支持续稳定的懂农业、爱农村、爱农民的后备队伍。

案例4 深化产教融合发展 培养应用型人才

——以K学校学前教育专业为例

沈 忱[①]

一、实施背景

国务院《关于深化产教融合的若干意见》提出，深化“引企入教”改革，大力支持引导行业、企业深度参与职业院校的教育教学改革，健全多元化办学体制，全面推行校企协同育人，支持产教融合、校企合作开展实习实训[②]。产教融合就是产业与教育通过深度合作，为高校学生提供充足的实践机会，并能够在生产实践与管理实践的过程中，把课堂上学到的知识应用于实践过程中，提高学生的知识应用能力，培养学生解决问题的能力。学前教育专业是培养学前教育人才的一线，为培养具备良好的教师职业素养和职业道德，能掌握扎实学前教育基本理论和专业技能，综合运用专业知识和技能开展学前教育活动，从事学前教育领域的高等技术复合应用型专门人才而设。随着社会的发展，对学前教育的人才培养提出了更高的要求，为适应专业发展需要，必须走产教融合的应用型人才培养之路。只有积极探索产教融合模式，才能培养适销对路的学前教育人才。为此，学校积极探索并构建了产教融合体系。

---

① 作者介绍：沈忱，女，云南省昆明市宜良县人，云南大学职业与继续教育学院2018级硕士研究生，现在昆明幼儿师范高等专科学校工作．

② 中华人民共和国中央人民政府网．国务院办公厅关于深化产教融合的若干意见［EB/OL］．http：//www.gov.cn/zhengce/content/2017－12/19/content_5248564.htm.

二、目 标

（一）办学方向上实现产业导向

当前学前教育师资缺口较大，学前教育专业的培养必须重视职业技能的养成，对学前教育师资的提质培优要聚焦产业发展中的技能需求，以此优化专业设置，对接人才培养方案，课程方案、标准等，以产业需求为导向，落实学生职业技能。

（二）教学模式上实现校企合作

打通引企入教、引教入企双向流动模式，一方面把企业的岗位需求搬进教材，另一方面把课堂移到企业，校企融合，工学交替，达到理论与实践的融会贯通，校企双方共建共享共商，优势互补的目的。

（三）培养目标上实现就业立身

以培养学生过硬的职业应用能力为标准，学校通过产教融合使学生符合市场岗位需求，掌握企业需要具备的职业技能，促进学生毕业与就业的无差别转换，实现就业立身①。

三、实施过程

（一）建立校园合作平台

学校从各幼儿园（幼教集团）中按就业消化能力、实践应用水平及办园质量、办园规模等多方面考虑，选择优质的幼儿园（幼教集团）合作，积极培养幼儿园（幼教集团）的合作意愿。就学前教育专业开展“产教融合、校园合作”的长期战略合作关系。就幼儿园（幼教集团）方面而言，学校先后与昆明教工第二幼教集团、肯琪儿幼教集团、睿博幼教集团等建立了学生实习实训、教师实践、专业共建、社会服务、就业安置等战略合作关系，与省市 42 所优质幼儿园签署了校外实习实训基地合作协议。

---

① 电气自动化设备安装与维修“产教融合、校企合作”体系建设典型案例[EB/OL]. https://max.book118.com/html/2017/0116/84315487.shtm.

（二）优化产教融合

围绕以“八个融合”为主要内容的产教融合工作机制，打造“双主体”育人新模式，优化人才培养各个环节。①“专业融合”。学校聘请了15位学前教育行业专家，设立了校系两级专业建设指导委员会，共同研讨学前教育专业发展规划，参与制订了学校以用人需求为导向的专业人才培养方案（修订），实现了学科专业对接行业、产业。②“课程融合”。幼儿园（幼教集团）参与了学校教学方案设计、课程标准编制及实践教学课程体系建设，参与了实践课程教学改革，实现了学业课程对接职业岗位。③“师资融合”，鼓励双向兼职。学校定期选派专业教师到企业参加实践、调查研究、培训、兼职。与此同时，选聘企业的技术技能骨干担任学校的兼职教师，保证师资队伍专兼结合、优势互补，提升了专业教师的职业素养。目前，学校建立了学前教育行业和幼儿园（幼教集团）的专家师资库，行业、企业专家上课率接近20%。④“资源融合”。学校与幼儿园共同搭建校内实训室和校外实习实训基地，使校内仿真和校外实景紧密融合，提升了学生的职业素养。目前学校建有校外实践基地33个，校内实训室59个。⑤“评价融合”。建立社会、企业、学校三方评价体系，以评促建，完善了学生理论与实践结合、课程与实习实训结合、过程与结果结合的培养体系。⑥“就业融合”。学生实习期间在幼儿园实现岗位轮换，拓宽了学生的就业出路，提升了毕业生的职场适应能力。同时，通过校企合作培养模式，有针对性地培养了准员工的职业技能，弥补了幼儿园“技工荒”和“稳工难”的局面。近年来，学校的毕业生在合作幼儿园（幼教集团）中就业的人数越来越多。⑦“文化融合”。学校积极探索校外优质企业文化，提炼特色，将其融入学校实训场所的环境创设中，实现校企文化对接，在学校教学中融入职业文化，加强职场仿真化的场地建设，使学生感悟职业文化，感受职业环境[①]。⑧“课、岗、证、赛相融合”。学校打造课、岗、证、赛一体化教学模式，以优化课程体系和开展技能竞赛，引领专业建设，紧密结合“职业资格进课堂”“技能竞赛进课程”“岗位需求进课本”的实际需要，实现课堂教学与岗位实践、专业学习与幼儿教师职业资格考试有机

① 电气自动化设备安装与维修“产教融合、校企合作”体系建设典型案例[EB/OL]. https://max.book118.com/html/2017/0116/84315487.shtm.

结合，促进了专业教学与产业需求的无缝对接。

（三）校校合作，专业共建

为充分发挥双方资源优势，形成适应发展需求、产教深度融合、职业教育与普通教育相互衔接，体现和发挥好“立足昆明、服务昆明”的办学思想，学校与昆明学院、云南省昆明市第一职业中等专业学校、文山州民族职业技术学校等6所院校达成了良好的合作关系，联合办学，共建专业，旨在开展人才培养、专业建设、科学研究领域的交流合作，切实提高人才培养质量和能力。双方共同谋划构建课程相融的人才培养体系，摸索人才培养新模式，充分发挥学科专业建设优势，利用各自特长开展专业师资培训和指导工作。教师双向流动参与教学，提高了双方人才培养质量和教学水平，合作开展了教学改革、教学研究、教学方法和学生技能培养等相关课题的研究。

（四）校政合作，整合资源

为充分发挥高校与地方政府各自的优势，促进区域经济社会与教育事业的全面发展，挖掘高校服务地方的资源潜力，学校与当地政府建立了校地全方位战略合作关系，创新了优化合作模式，打造了“三位一体”的协同育人机制，塑造了政产学研合作典范。双方形成了应用型人才培养、教师培训、行业发展咨询指导等多元化实质性合作。

依托学校人才资源优势，地方政府推动学校和行业、企业深度合作，把院校打造成行业应用型人才培养基地，把地方幼儿园建成学校实训基地，实现了学校人才培养、行业用工的资源共享。学校发挥学前教育专业优势，在教育培训等领域与地方政府共建教育培训基地，开设专业能力提升培训课程，为地方政府管辖的公办、民办幼儿园教师提供职前、职中、职后培训服务，开展学前教育职业资格培训、鉴定等，不断提升学校服务地方的水平；地方政府为学校提供了教学改革实验区、幼儿教育多学科教育教学实训基地、实习场所；积极推动地方各级各类幼儿园和学校开展交流合作，提供教育教学科研实践平台，共同探索、构建幼儿园办学特色，促进了幼儿园师资队伍的专业发展，共同开展了“园本培训”“园本教研”的研究和实践等。为建立多层面的定期深入互访交流机制，双方明确了例会制度。校政合作共建改变了以往“单打独斗”的专业结构布局，政府的介入有机统筹整合了资源优势，实现了专业与产业发展的同步，专业人才培养目标与产业岗位职业能力需求的一一对应，使专业建设完美契合了经济社会的发展需求。

（五）坚持“三习三岗”，教学联系岗位

坚持“三习三岗”制度是提高学前教育专业人才培养质量，增强学生职业认知能力的关键，是学校学习的理论与产业岗位实践的结合，是把所学专业知识转化为实践性教学活动的重要途径[①]。如下图 9－1 所示，学前教育专业按“一个核心、三个层次、五个模块”构建实践教学课程体系，以学生职业综合能力培养为核心，通过基础实践、专业实践、综合实践三个层次，对学生进行专业认知实习、适应性岗位实习、顶岗实习三个模块“三习”的训练，使学生的岗位职业能力在“知岗—跟岗—顶岗”中达到强化的目的。“知岗”是依托专业认知实习，在大一学年由学校组织学生到实习单位（幼儿园、早教机构）参观和体验，进行为期 2 周的认识实习，形成对实习企业和相关岗位的初步认知。“试岗”是指在大二学年不完全具备独立操作能力、无法完全适应实习岗位要求的学生，由学校组织到实习单位（幼儿园、早教机构）的相应岗位，在专业人员指导下部分参与为期 2 周的跟岗实习活动。“顶岗”是指在大三学年基本具备岗位独立工作能力的学生到相应幼儿园进行为期 6 个月的实习，让其在一定程度上可独立承担幼儿园工作。学生在“三习三岗”期间实行“双导师”制，学校为其分别选派校内专业教师和专业水平高、经验丰富的实习基地教师。校内专业教师担任理论导师，实习基地教师担任职业导师。两个导师和学生在三个阶段的岗位能力培养过程中定期沟通、反馈，由学生岗位表现情况来修订完善学校学前教育人才培养方案。

---

① 罗秋英．产教融合背景下学前教育专业实践学习评价体系的构建[J]．黑河学院学报，2021，12（08）：99－101.

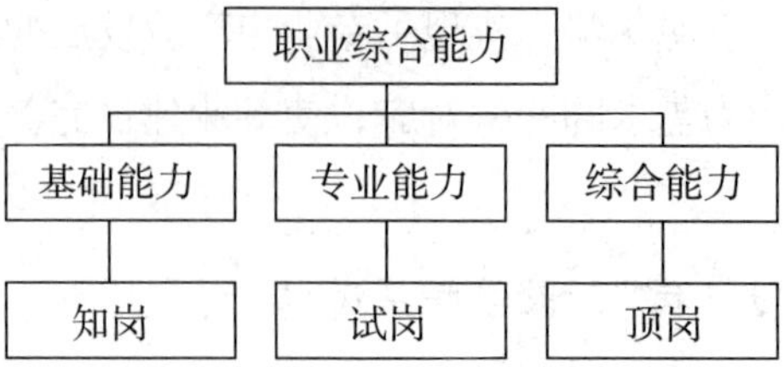

图 9－1　学前教育专业实践教学课程体系图

四、主要成效

（一）促进教学资源整合

通过产教融合，学校与大量企业保持了深层次战略合作关系，建有校外实践基地 33 个，校内实训室 59 个，为专业建设、课程改革、教学改革助力，逐步实现了学生职业能力与岗位能力的无缝对接，就业由合作企业消化的良好势态。

（二）提高学生培养质量

通过产教融合，校企对接，使学生理论与实践相结合，学生能力与岗位要求相适应，尽快适应了工作环境，提升了专业技能，培养了解决问题的能力。近年来学前教育专业学生参加中级保育员、育婴员国家职业资格考试，过证率达 100%。2021 年，毕业生的全国幼儿教师资格证考试通过率达到 78.3%，实现了毕业生职业技能过硬的目标。

（三）促进学生就业

截至 2021 年 7 月 11 日，学校首届毕业生毕业去向落实率为 95.02%，在云南省高校毕业生中毕业去向落实率位列第五名，实现了学生专业对岗、适销对路的培养目标。

五、思　考

（一）产教融合要与政府、企业紧密结合。打造政府、学校、企业三位一体的协同育人模式，积极服务地方，优化整合资源，促进政产学研协调发展，提高人才培养质量。

（二）产教融合要打造多主体的命运共同体，在多主体参与的情况下，优势互补，各取所需，保证各主体定期交流，共商共建共享，定期规划修订培养方案，优化校企合作，真正实现产教融合；坚持“八个融合”，即专业融合、课程融合、师资融合、资源融合、评价融合、就业融合、文化融合、“课、岗、证、赛”融合，优化人才培养方案。

（三）产教融合要坚持市场本位原则，坚定不移地把培养人才职业应用能力放在首位，严格按照市场岗位能力需求培养人才的职业能力，这样才能弥补市场缺口，培养出适销对路的人才。

学校学前教育专业产教融合虽然取得了一定成效，但还存在诸多不足。下一步会积极筹建附属幼儿园和昆明幼教集团，继续深化产教融合、校企合作，为地方培养素质达标、本领过硬的学前教育人才服务，打造产教融合典范，走出内涵式发展、高质量发展的路径。

案例5　高职院校专业建设与区域经济协调发展研究

——以四川交通职业技术学院为例

前　言

中共中央、国务院印发的《成渝地区双城经济圈建设规划纲要》2021 年 10 月20 日正式发布。纲要紧紧围绕全面理解和贯彻新发展理念，立足优化区域经济布局，促进区域协调发展，积极服务和融入新发展格局，面向成渝地区在国家发展大局中独特而重要的战略地位，确定了到“十四五”期末和2035 年的发展目标和重点任务，为成渝地区制定了高质量发展的“任务书”和“施工图”①。川渝地区职业院校应秉承与区域经济共生与共进的理念，发挥职业教育为区域经济发展服务的功能，进一步转变职业院校办学理念，对接市场需求和科技进步，促进教育链、人才链与产业链、创新链有机衔接，肩负起推动职业教育改革发展

① 杨继瑞，杜思远，冯一桃．成渝地区双城经济圈建设的战略定位与推进策略——“首届成渝地区双城经济圈发展论坛”会议综述[J]．西部论坛，2020，30（06）：62－70.

的使命。应根据市场经济条件下经济发展和职业岗位的变化规律，调整和设置专业。职业院校专业建设只有与经济发展相一致，与企业需求相结合，才能进一步推动区域经济的发展，才能充分发挥职业教育为区域经济发展服务的功能。

四川交通职业技术学院坚持“开放办学、主动服务、水陆并举、着力内涵”的办学理念和“立足四川交通、面向区域经济、服务国家战略、培养高素质技术技能人才”的办学定位，形成了“引名企进校园、融专业入社会、育高素质人才”的办学特色。目前，学院正抢抓机遇、开拓创新，朝着把学院建成“行业领先、全国一流、国际知名”的中国特色高水平高职院校目标迈进。

一、四川省产业结构及经济发展状况

四川省地处中国西部，是西南、西北和中部地区的重要结合部，是承接华南华中，连接西南西北，沟通中亚、南亚、东南亚的重要交汇点和交通走廊。四川作为支撑成渝地区双城经济圈、“一带一路”建设、长江经济带联动发展的战略纽带和核心腹地，已广泛而紧密地融入全球产业链。根据四川省统计局发布的《2020 年四川省国民经济和社会发展统计公报》，2020 年四川省地区生产总值（GDP）48598.8 亿元，按可比价格计算，比上年增长 3.8%。其中，第一产业增加值 5556.6 亿元，增长 5.2%；第二产业增加值 17571.1 亿元，增长 3.8%；第三产业增加值 25471.1 亿元，增长 3.4%；三次产业对经济增长的贡献率分别为 14.1%、43.4% 和 42.5%；三次产业结构由上年的 10.4∶37.1∶52.5 调整为 11.4∶36.2∶52.4。从区域划分来看，成都平原经济区地区生产总值 29523.3 亿元，比上年增长 4.0%，其中环成都经济圈地区生产总值 11806.7 亿元，增长 3.9%①。由图 9－2 可以看出，目前四川省的产业增加值比重为“三、二、一”，且第一产业的产值比重逐年有所下降，第三产业的产值比重稳步提升。2020 年，面对严峻复杂的国内外形势，特别是新冠肺炎疫情的严重冲击，三大产业的产值在 GDP 中所占比重有波动。因此，为促进四川省经济的快速发展，最终形成“三、二、一”产业比重由高至低排序的结构，地方高校应随着地方产业结构的变化来进行相应的专业设置，明确人才培养目标，为地区经济发展输送优质

① 2020 年四川省国民经济和社会发展统计公报［N］. 四川日报，2021－03－14（004）.

人才。

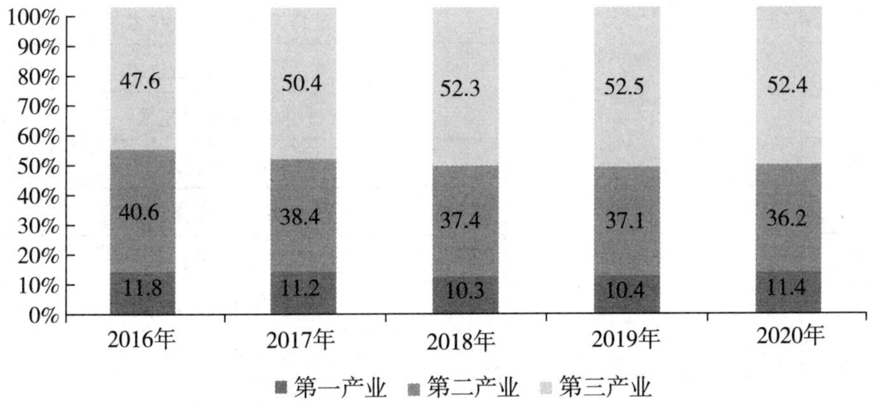

图 9－2 2016—2020 年四川省三大产业增加值占 GDP 的比重（单位:%）

数据来源：四川省统计局。

二、学院专业建设基本情况

四川交通职业技术学院是由四川省人民政府投资举办的一所高等职业院校，是四川交通运输人才培养的“黄埔军校”，承担着向全省交通运输行业发展输送高技能人才的重任。学院落实对接产业的专业建设动态调整机制，按照“对接产业，工学结合，提升质量，推动职业教育深度融入产业链，有效服务经济社会发展”的工作方针，通过教研室申报、系内论证、学术委员会论证等阶段，从专业定位、行业企业需求、专业支撑资源等方面对学院专业建设不断进行完善。根据学院《人才培养方案管理办法》相关规定和《教育部关于职业院校专业人才培养方案制订与实施工作的指导意见》精神，结合《国家职业教育改革实施方案》，经过市场调研、系内研讨、校外专家论证，并经学院党委审议通过，于 2020 年 5 月发布了修订的 36 个专业人才培养方案。如表 9－2 所示，学院设立了道路与桥梁工程系、汽车工程系、信息工程系等 9 大院部，在各大院部下划分具体专业共 36 个，较全面地涵盖了区域经济发展对相关专业的人才需求。

表9-2 四川交通职业技术学院2019年修订人才培养方案专业名单

序号	院部	专业
1	道路与桥梁工程系	道路与桥梁工程技术
2		地下与隧道工程技术
3		土木工程检测技术
4		铁道工程技术
5	汽车工程系	汽车运用与维修技术
6		汽车营销与服务
7		汽车车身维修技术
8		新能源汽车运用与维修
9	信息工程系	软件技术
10		电子信息工程技术
11		移动通信技术
12		物联网应用技术
13		智能交通技术运用
14		信息安全与管理
15	艺术与设计系	环境艺术设计
16		产品艺术设计
17		数字媒体应用技术
18	航运工程系	轮机工程技术
19		航海技术
20		国际邮轮乘务管理
21	建筑工程系	建筑工程技术
22		工程造价
23		建筑装饰工程技术
24		市政工程技术
25	机电工程系	汽车制造与装配技术
26		工程机械应用技术
27		机械制造与自动化
28		工业机器人技术

续　表

序号	院部	专业
29	交通运输与经济管理系	会计
30		市场营销
31		旅游管理
32		物流管理
33		交通运营管理
34	轨道交通工程系	城市轨道交通运营管理
35		城市轨道交通机电技术
36		城市轨道交通车辆技术

数据来源：四川交通职业技术学院教务处数据统计。

从四川交通职业技术学院人才培养方案专业名单来看，各个专业都对应第二产业和第三产业，形成了以第三产业为主体的专业结构，体现了学院在专业建设过程中，将支持和推动产业发展作为决策出发点，建设符合区域产业发展趋势的专业，不断提高专业建设标准化水平的特点。

三、学院专业建设的主要做法

（一）构建国、省、院三级重点专业建设体系

重点专业建设是高职院校建设的基础和核心。根据学院教务处数据统计，学院现有中央财政支持建设的国家示范重点专业4个，分别为道路与桥梁工程技术、高等级公路维护与管理、地下工程与隧道工程技术和汽车运用与维修技术；中央财政支持的提升专业服务产业发展能力重点专业2个，包括工程机械应用与维护、计算机应用技术；省财政支持建设的重点专业9个，分别为交通安全与智能控制技术、建筑工程技术、软件技术、物流管理、旅游管理、汽车技术服务与营销、市政工程技术、汽车制造与装配技术和航海技术；全国职业院校交通运输类示范专业点2个，包括汽车运用与维修技术和智能交通技术运用；全国交通运输职业教育教学指导《高等职业教育创新发展行动计划（2015—2018年）》骨干专业2个，包括道路养护与管理和智能交通技术运用；院级重点专业7个，分别

为楼宇智能化工程技术、公路运输管理、会计、产品造型设计、轮机工程技术、土木工程检测技术和环境艺术设计，形成了国、省、院三级重点专业建设体系。通过对相关重点专业的建设，极大地提升了学院自身办学水平，增强了自身在全省乃至全国高职院校中的示范和引领作用，带动了四川省高职教育的改革与发展，更好地为地方经济建设和社会发展服务。

（二）增设中外合作办学专业

21 世纪初，为顺应改革开放的发展潮流，中外合作办学应运而生。截至目前，已经发展得相当成熟，尤其是这几年，中外合作办学项目得到了蓬勃发展。在全国越来越多的高校中，不仅有了中外合作办学项目的专业，而且有些已经成熟并独立运营，在世界高校办学能力及影响方面有了较好的排名，为社会培养了一批又一批优秀的人才。学院结合自身发展情况，紧跟时代发展潮流，在 2018 年与美国阿肯色大学史密斯堡分校合作开办了汽车运用与维修技术专业、机械制造与自动专业专科双文凭项目，并获得四川省教育厅批准，于 2019 年开始正式招生；通过两年努力，现有在读学生 301 人。中美双方共同合作商定人才培养方案及课程设置，采用中、英文教材，实施双语教学，由中美双方选派骨干教师分别授课，三分之一的课程由美方教师面授。学生在四川交通职业技术学院和阿肯色大学史密斯堡分校同时进行学籍管理，所修学分两校互认；学生修业合格，颁发两校专科毕业证书。中外合作办学在教学环境、培养模式等方面与传统模式有较大不同。由于引进了国外优质教育资源，课程设置大多与国外课程紧密接轨，有利于学生接受中西方文化的教育，丰富其文化知识结构。学院通过中美合作办学形成了极具特色的教育优势，成就了一支教育观念新、就业质量高、社会认可度高的专业人才队伍。

（三）构建“1 +6”专业群建设格局

专业群建设是职业院校适应经济发展趋势的战略选择，是当前职业院校内涵式发展中的创新。随着全国“双高计划”的启动，“专业群”建设应运而生，职业院校的办学从以专业建设为主转向以专业群为主，这是一场高职教育模式的革命①。

① 李向红．协同共生：“双高计划”高水平专业群建设价值与实践指向——以江苏经贸职业技术学院电子商务专业为例[J]．江苏经贸职业技术学院学报，2021（05）：67 –69.

近年来，为适应交通运输行业转型升级带来的产业集群发展态势，学院紧密围绕“中国制造2025”“互联网＋”“交通强国建设纲要”等国家战略和四川省“一干多支，五区协同”等区域发展战略，以及“综合、智慧、绿色、平安”四个交通转型需求，专业群建设紧密对接产业链需求，构建了具有交通行业特色的“1＋6”专业群建设格局。如图9－3所示，通过建立办学定位—专业群目标定位—专业培养目标的三层目标体系，形成专业群建设的整体合力，推进专业集群发展，深化产教融合、校企合作，不断提升社会服务能力，全力打造四川高职院校品牌、专业品牌和技术技能人才品牌。目前，通过不断建设，道路与桥梁工程技术专业群已成功获批“双高计划”A档专业群。

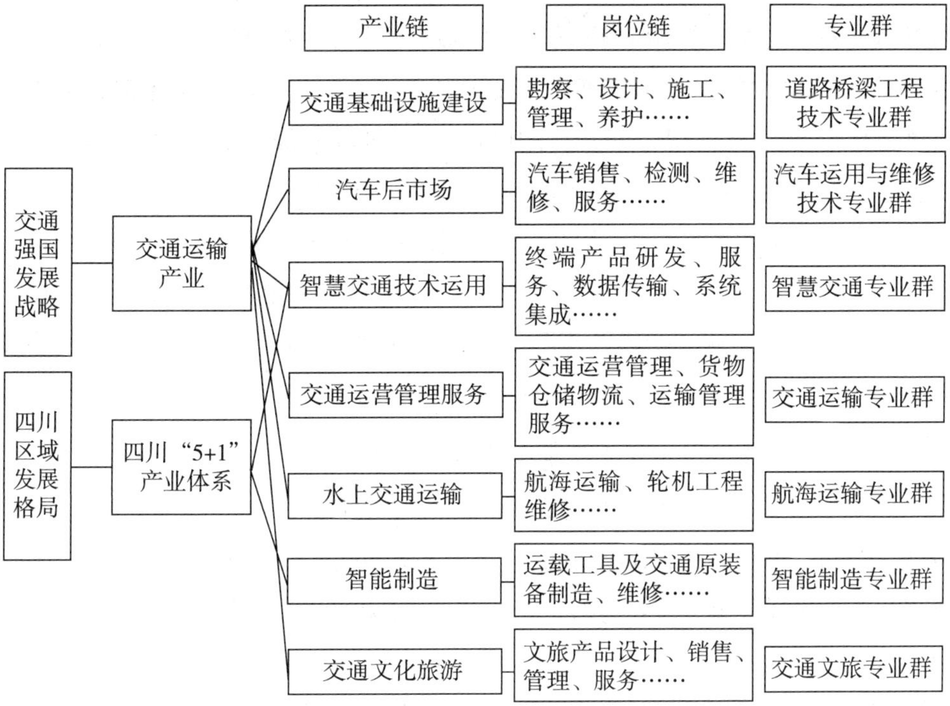

数据来源：四川交通职业技术学院教务处数据统计。

图9－3　四川交通职业技术学院“1＋6”专业群建设格局

四、学院专业建设取得的主要成效

（一）培养了一大批高素质专业人才

高素质技能人才队伍是支撑中国制造、中国创造的重要力量，在国家发展中具有重要的战略地位和时代意义。而高技能人才培养质量的高低突出体现在技术应用能力、职业道德修养、就业质量以及创新能力四个方面。在就业质量方面，据学院相关数据统计，学院2020届毕业生就业率为95.28%，绝大多数毕业生已落实就业；受经济下行和新冠肺炎疫情影响，就业率较去年同期下降0.42%，就业基本保持稳定。同时，毕业生的就业岗位选择符合院系、专业的培养特色。例如，道路与桥梁工程系毕业生从事的主要职业方向是施工工程技术、土木建筑工程技术、测量技术。在创新能力方面，学院通过多样化专业建设，大力推进人才培养机制创新，把创新创业教育融入人才培养全过程、各环节，逐步建立了将专业教学体系与创新创业教育相结合的培养机制。学院积极鼓励师生参加各类技能竞赛和创新创业大赛，让竞赛成为专业教学改革与学生技能培养的有效载体和实践平台。2020年以来，在中国国际“互联网+”大学生创新创业大赛、“挑战杯”中国大学生创业计划竞赛等各类比赛中，学生累计获奖24项，其中国家级二等奖2项，国家级三等奖1项，省部级一等奖3项、二等奖7项、三等奖11项。

（二）专业建设理念和成果带动区域经济发展

学院围绕《交通强国建设纲要》和交通强省建设要求，开展四川省交通运输人才与教育情况调研，牵头编制了四川交通运输人才与教育“十四五”发展规划，在交通厅人事教育处的指导下，在人才培养方案制订中结合实际情况，涵盖多元化的专业设置，为培育支撑四川交通运输行业快速发展，打造素质优良的知识型、技术技能型、创新型高素质交通人才队伍提供必要的人才支撑和智力支撑。同时，学院加入了成渝经济圈产教融合发展联盟、成渝地区双城经济圈职业教育协同发展联盟，主动服务“成渝地区双城经济圈”国家战略，显示了职业教育在区域经济社会发展中的责任与担当，和联盟中各高校、企业在人才培养、科技创新、社会服务、文化交流等方面开展深入合作，努力实现资源最大化共享，共同打造“成渝地区双城经济圈”职业教育命运共同体。

（三）专业实训基地建设取得丰硕成果

高职院校实训基地是学生接触实训的首要场所，对学生专业技能的培养影响深远。因此，校内校外实训基地的建设管理尤为重要。为进一步推进学院基础建设，强化实践教学环节，促进“动手能力强、综合素质好”的应用型人才培养质量不断提升，学院结合不同院系所对应的专业实践需求，加大了专业实训基地的建设。据四川交通职业技术学院状态数据平台统计，学院现建有校内实践基地173个，建筑面积104695.69平方米，承担实训项目445个。建有校外实训基地199个，面向专业38个，承担实训项目443项，接收学生实习人次14430人，接收毕业生就业人数1084人。借助专业实训基地这一平台，学院同时与多家企业保持校企合作关系，在人才培养、专业建设、学生就业等方面发挥了积极作用。

五、结　语

通过对四川交通职业技术学院专业建设与区域经济发展关系的研究，可为其他职业院校提供参考借鉴。随着社会经济的发展，职业院校应主动出击，结合学校特色与区域经济发展现状，加强专业建设，引导职业院校科学设置专业；通过产教融合开发新的专业，加快提升职业院校专业建设整体水平；本着职业教育的就业导向本质，提高学生的职业生涯发展能力，使其发挥自身长处，提升自我价值。

案例6　青岛职业技术学院与青岛铭浩源公司现代学徒制试点研究

一、研究背景

（一）教育政策的支持导向

2019年6月7日，教育部办公厅发布《关于全面推进现代学徒制工作的通知》，指出要以习近平新时代中国特色社会主义思想为指导，全面贯彻党的教育方针，落实立德树人根本任务，深化产教融合、校企合作，健全德技并修、工学结合的育人机制和多方参与的人才质量评价机制，深入推进教师、教材、教法改革，总结现代学徒制试点成功经验和典型案例，在国家重大战略和区域支柱产业等相关专业，全面推广政府引导、行业参与、社会支持、企业和职业院校双主体育人的中国特色现代学徒制。各地要明确全面推广现代学徒制的目标任务和工作举措，引导行业、企业和学校积极开展学徒培养，落实好招生招工一体化、标准体系建设、双导师团队建设、教学资源建设、培养模式改革与管理机制建设等重点任务。2019 年 6 月 22 日，山东省积极响应号召，认真贯彻全国全省教育大会精神，落实国务院印发的《国家职业教育改革实施方案》、教育部等六部门印发的《职业院校校企合作促进办法》和山东省教育厅等 11 部门印发的《关于办好新时代职业教育的十条意见》等文件要求，就全面推动现代学徒制试点工作发布相关通知。通知指出，基于山东省“政策引导、制度保障、平台支撑、四级推进”的现代学徒制制度框架，围绕服务新旧动能转换“十强”产业和区域支柱产业开设的相关专业，全面推进“校企一体、工学交替、双师育徒、岗位成才”的山东特色现代学徒制。国家级、省级试点项目都要形成制度健全、经验可借鉴可复制的典型案例，到 2020 年建成具有 200 个以上典型案例的案例库；到 2022 年，全省职业院校通过实施现代学徒制等手段，培育 10 万名左右的“齐鲁工匠后备人才”，为建设知识性、技能型、创新性劳动者大军做出新贡献。

（二）校企双方需求对接

深化职业教育产教融合、推动职业教育高质量发展，是当前职业教育改革的重要课题。青岛职业技术学院前身为青岛职工大学，成立于 1977 年，2000 年 10 月青岛职业技术学院成立，是一所“省市共管、以青岛市为主”的全日制普通高校。2016 年，学院出台了《青岛职业技术学院现代学徒制试点项目工作实施方案》，开始全面指导现代学徒制试点项目的各项工作。实施方案中明确了现代学徒制试点项目各个阶段的主要建设任务，对试点项目相关的招工招生、教学管理、校企“双导师”教师团队建设、教学质量监控、学生教育管理、研究推广等工作进行了详细分工，从制度上保证了现代学徒制试点项目的顺利进行①。此外，项目也得到了多方的资金支持。青岛市财政局给予每位进入企业的学生5000元，学院也将各年度的资金计划纳入学院预算，实行专项资金专账管理，保证项目顺利实施。

青岛职业技术学院的数控技术专业，是国家首批示范性高等职业院校重点专业、国家高水平建设专业群核心专业、山东省高等学校特色专业，是山东省数控技术技艺技能传承创新平台建设单位、青岛市中高职数控技术专业联盟建设牵头单位、青岛市数控专业五年贯通培养工作牵头单位。该专业旨在培养德、智、体、美、劳全面发展，具有良好职业道德和人文素养，掌握机械零部件识图与测绘、CAD 三维造型设计、机械加工工艺文件识读与编制，熟悉安全操作规程、各类金属切削加工方法及加工装备、常见零件程序编制方法与加工等基本知识，具备数控机床操作、数控加工程序编制、CAD/CAM 软件技术应用等能力，从事数控加工、机械产品设计与制造、生产技术管理等工作的高等工程技术应用型人才。数控技术专业作为具有实用技能特点的特色专业，十分强调应用性与实践性，面向山东半岛地区、青岛地区的智能制造及人工智能等相关产业，重点是机械、模具、电子、电气、轻工等行业，需要与企业搭建实训平台，培养学生的实践技能与应用能力，进行具体的实操工作。

青岛铭浩源精密机械有限公司于 2017 年 03 月 21 日成立。公司经营范围包括机械设备的研发、生产、加工、销售；机械设备的配件加工等；销售模具、五金工具、机电设备、橡塑制品、包装材料、建筑材料、电子产品、仪器仪表、劳保用品、日用百货、化工产品（不含危险化学品及一类易制毒化学品）；机电设备维修等。人才是企业发展的基石与活力，作为新兴的精密机械制造公司，对于专业人才有着巨大的需求。

2019 年 12 月，在响应山东省推动现代学徒制试点号召的大背景下，青岛铭浩源精密机械有限公司与青岛职业技术学院海尔学院共同举办了第十一届“铭浩源杯”校企联合数控技能大赛表彰暨数控专业建设汇报会，并在后续工作中达成

---

① 中国教育在线网．校企深度融合　共育技能人才——青岛职业技术学院现代学徒制试点工作掠影[EB/OL]．http：//www. qtc. edu. cn/info/1023/24044. htm，2016－09－06.

了现代学徒制试点的相关校企合作协议，校企共同成立现代学徒制产教融合小组，完成“双主体”育人的具体工作。现代学徒制试点工作的开展，既满足了青岛职业技术学院对于培养应用技能型人才的实践性需求，又满足了青岛铭浩源精密机械公司对于招纳专业人才的现实性需求，搭建了学校与企业的需求对接平台，实现了校企双方的互利共赢。

（三）吸收借鉴校内外经验

青岛职业技术学院数字控制专业积极参与校企合作交流，搭建“数控技术技能传承创新平台”，提升了平台成员技术应用与创新能力。“数控技术技能传承创新平台”以山东省优质高等职业院校建设为契机，依托青岛市高等职业教育实训基地、国家数控实训基地，联合四所青岛市数控技术专业“五年一贯制”培养学校，以及青岛德运达精密机械有限公司、青职机械有限公司等单位共同组建。在2019年冬季学期，平台主持人李国伟参加在山东理工大学举行的山东省职业教育技艺技能传承创新平台主持人培训，培训邀请专家教授重点解读了山东省职业教育技艺技能传承创新平台管理办法、建设经验等，对于其他优秀院校的校企合作、产教融合发展有了新的认知①。

胶州市职业教育中心学校作为山东省中等职业教育的品牌学校，开设机电类、财经类、信息技术类、学前教育类等17个专业，其中会计、机电、学前、数控是青岛市骨干专业，机电技术应用专业还成了山东省中等职业教育品牌专业。为让学生接触到最新的行业技能，学校积极与青岛胶东临空经济示范区、胶州经济技术开发区、青岛欧亚经贸合作产业园、胶州湾国际物流园、大沽河省级生态旅游度假区五大新动能战略发展平台对接，适时调整专业设置，使专业、课程结构更加贴近经济发展，让学生学技能，懂生产，毕业即就业，实现与企业的零距离对接②。学校与青岛三星精锻齿轮有限公司联合成立了青岛市第一批现代学徒制试点项目管理办公室，深入推进了现代学徒制试点工作。

综上所述，现代学徒制试点是深入产教融合、校企合作的重要方式。本研究

---

① 青岛职业技术学院海尔学院“数控技术技能传承创新平台”教师冬季学期参加多项研修培训工作[EB/OL]．http：//www. hs. qtc. edu. cn/info/1084/2987. htm，2019－02－20.

② 胶州市职业教育中心学校简介（2019）.

基于对青岛职业技术学院数控技术专业与青岛铭浩源精密机械有限公司产教融合案例的分析，探讨建设现代学徒制试点背景下的产教融合与校企合作的发展路径。

二、校企合作具体实施形式

（一）学校与企业双向主体共育人才

在现代学徒制试点的基础上，校企双方确定了全新的人才培养模式，根据专业技术技能人才的培养标准与企业数控技术相关岗位的需求，构建了“工学交替、在岗培养、育训结合、赛训结合、创研结合”的人才培养模式。校企共同成立了现代学徒制产教融合小组，目的是完成“双主体”育人的具体工作[①]。在人才培养工作中，学校和企业明确了各主体的责任，校企双方负责组织制订现代学徒制人才培养的管理与考核方案；企业负责给学生提供学徒岗位、实习实训耗材，并负责选拔优秀的技术人员作为师傅指导学徒，学生除了技术技能层面的训练外，还要进行企业实际生产课程的学习。现代学徒制专业实现了招工与招生同步，被录取的学生既是在校的全日制学生，同时也是企业的准员工（即学徒）；学校与企业签订联合培养框架协议，学生（学徒）、学校和企业签订三方协议，明确在学生（学徒）培养过程中，学校、企业、学生（学徒）三方各自的职责。对于年满16周岁未达到18周岁的学生（学徒），须由学生（学徒）、监护人、学校和企业四方签订协议[②]。学生完成学业后，按照双向选择原则，企业择优、优先正式录用学生（学徒）；学生（学徒）也可另行选择企业就业。在培养人才的过程中，校企双方致力于把“工匠精神”融入日常教学互动与教学实践中。学校以技能大赛为抓手，通过“岗、课、赛、证”形式，带动教师与学生积极参与其中，推动技能比赛与企业实践相结合。同时，在技能大赛的指导过程中，校内教师与企业教师相互学习借鉴，达到共同提升的目的。此外，青岛铭浩源公

① 刘居康．基于学徒制实践的校企协同育人机制研究——以青岛职业技术学院数控技术专业为例［J］．就业与保障，2021（14）：137－138.

② 什么是现代学制［EB/OL］．http：//www. hs. qtc. edu. cn/info/1093/2118. htm，2017－03－30.

司在青岛职业技术学院设立了“铭浩源杯”大赛，公司同时进驻学校实训基地，让学生近距离参与到企业的日常工作中，拓宽了学生视野，激发了学生的积极性与创造性，使其在以后的职业生涯中能够有更好的作为。

（二）学生与学徒双重身份增强认同感

学校将单独招生与企业订单班招生方式相结合。在单独招生过程中，校企共同制订招生方案，确定命题细则，校企人员共同组成考评小组实施考评，并确定录取学生（学徒）的人选。被录取人同时具有企业学徒和职业院校学生双重身份，学生、学校和企业签订三方协议。学生因具有“学徒”与“学生”双重身份，在完成校内公共课的基础上，按照企业的生产实际，完成车间师傅制订的具体学习方案。学生经历认知性、业务性、综合性、提升性四个阶段。第一阶段认知性阶段，即学生入校后的第一学期，学校和企业共同派出老师指导学生认知行业，塑造职业理念。第二阶段业务性阶段，为学生入校后的第二至第四学期，在校完成业务性项目，由企业给出真实任务，由校企双方联合授课，实现“学教做合一”的目的。第三阶段综合性阶段，学生在第五学期到企业进行顶岗实习与社会实践。企业根据学生顶岗实习的岗位指定师傅，进行有针对性的指导；实习结束后，由师傅及项目导师等组织项目答辩与考核。第四阶段提升性阶段，即在第六学期由校企双方共同指导学生反思和提炼顶岗实习的收获。以学生身份在课堂学习通识课程、专业基础理论课程，以学徒身份在岗位学习实践课程，增强了学生对于自身角色的认同感与行业意识；由学校专业课教师与企业师傅共同指导学生的课程学习与岗位实践，学生完成了技术技能训练，实现了岗位成才。

（三）学时与工时双类课程同步互认

青岛职业技术学院与青岛铭浩源精密机械有限公司在校内开展现代学徒制试点工作，优化了校企学分互认制度，按照课程类别给予学分，实现了工学交替双向培养。现代学徒制是培养符合先进制造业产业集群技能应用人才需求的重要发展策略，该育人模式的核心内容在于通过学校、企业的深度合作，实现教师、师傅联合教学，把学生的技能培养作为重心，形成一种理论知识和实践应用深度融合的教学模式，对于提升学生技能水平、培养学生适应企业岗位技能需求有着重大意义。学生在课堂中进行基础知识与课程理论的学习，积累学时；在企业中进行实践技能与应用技术的学习，积累工时。学时与工时在一定程度上互换。该校基于现代学徒制培养理念，采用校企学分互认制度作为考核标准。课程体系中，公共课程不实行学分互换互认；专业基础课程跟企业相关度高的，由企业与教研室共同决定是否实行学分互换互认；数控技术专业核心课程可实行全面互换；数控技术专业拓展课程互换学分不超过总学分一半。在学徒完成全部课程之后，企业和学校联合对学徒进行考核①。

三、产教融合成效与经验

（一）搭建现代学徒制平台，全过程深化校企合作

青岛职业技术学院与青岛铭浩源精密机械有限公司在校企合作的基础上，创新了学分互认制度，依课程类别赋予学分意义，改变了以往“一刀切”的学分互认制度。这一举措极大地提升了学生学习与教师教学的效率，从而促进了校企合作与教学工作的有效开展；按照学生的学习特点和职业技能培训规律，构建并实施基础素质培养、企业综合能力实训与学校技能培养交替进行和顶岗实习的“三段化教学模式”，推动了学生到准学徒再到学徒的身份转换。学生入学第一年在学校里学习，企业采用线上课程及线下讲座的形式，对学生进行企业文化培养及职业认知的培训；到第一学年结束时，进行企业师徒双选，确定师徒关系，随后学生到企业进行三个月的准学徒轮岗培训，在学校进行九个月的专业技能培养；到第二学年结束时，学生再到企业进行三个月的学徒跟岗训练，然后在学校完成专业项目设计，最后以准员工的身份到企业进行六个月的顶岗实习直至具备毕业资格完成毕业考核。学生的考核始终由校企双方共同参与，最终的毕业考核还引入了第三方评价，即行业协会的职业技能评价，以确保人才培养目标达成，从学生入学到毕业，实现全过程、全方位育人，从而不断促进现代学徒制培养模式的优化。

（二）优化学生管理，增强职业认同感

采用现代学徒制模式培养的学生对企业及职业的认同感有了很大的提高，到

---

① 刘居康．基于学徒制实践的校企协同育人机制研究——以青岛职业技术学院数控技术专业为例[J]．就业与保障，2021（14）：137－138.

合作企业就业的学生比率从23%提高到了56%。毕业生可以直接顶岗工作，缩短了由学生到企业员工的转化期。另外，企业在学徒培养过程中，能够通过学徒的视角审视公司的生产及管理过程，有助于发现新问题，找到改善工作的新思路，从而为企业注入了新的活力。通过现代学徒制的培养模式，学生的创新能力及综合职业能力有了明显的改善。在准学徒阶段，学生积极参与企业的生产实践活动，以吃苦耐劳、认真负责的工作态度获得了企业的好评，企业考核优秀率达76%，“M－HGS＋全向高端智能引导车研制”为青岛铭浩源公司产生直接经济效益300余万元①。在企业培养期结束前，每名学徒完成了至少一项生产工艺合理化建议的提报，其中32项已获得企业的认可，纳入了公司的工艺改善计划。在学徒阶段，学生参与到实验员、技术支持人员、生产管理人员等技术辅助岗位实践中，专业技能及职业素质有了大幅提高。2020年的新冠肺炎疫情，使得诸多复工复产的青岛企业都面临着用工荒的困境。以培养技能人才为主要目标的职业院校恰恰在特殊时期发挥了生力军的作用，顶岗实习、技能驰援、专业助力为企业解决了部分燃眉之急。青岛职业技术学院支援企业复工的学生，并非“临时应急”，他们大都已在现代学徒制、校企合作等教学实践中得到了全面的培养，积累了宝贵的工作经验。驻青岛的职业院校组建的师生支援团队，迅速出现在复工复产一线。一场突如其来的疫情，不仅凸显了职业院校服务地方经济的重要功能，也见证了当代职校学生的工匠精神和勇气担当。

（三）构建“双师型”教师队伍体系

建设一支充满活力的“双师型”教师队伍是提高职业教育质量的关键。青岛职业技术学院“双师型”教师的比例占到全部教师的73.5%，数控技术专业教师实行校企互聘共用制度，在现代学徒制的基础上，采用“双导师”模式。企业导师方面，企业选拔了优秀技术人员作为企业导师，推动企业导师进课堂，并给予相应授课补助；学校导师方面，学校选拔了优秀教师进驻企业学习，并组织短期和长期连续研修，增强了学校教师的实践能力。通过这种方式，建设了一支既具有较高理论教学水平，又具有较高技术水平的“双师型”教师队伍。因

① 尹晓霞，赵迁远，焦丽君，李元超．现代学徒制下高职制冷专业人才培养体系的构建与实践——以青岛职业技术学院为例[J]．课程教育研究，2017（50）：234－235.

此，高职院校需要立足实际优化教师队伍，进一步推进教师进企业、师傅进课堂的活动，促进学校教师与企业师傅双方交流，打破沟通壁垒。

四、小　结

通过分析青岛职业技术学院与青岛铭浩源精密机械制造公司产教融合的具体案例，对其具体实施形式与创新点进行了针对性的剖析，阐述了当前职业院校产教融合、校企合作的未来发展方向。当前职业教育的发展，只有在产教融合、校企合作的具体实践中不断改进、不断完善、不断规范，才能走向更好的明天。

案例7　泰安技师学院产教融合的实践探索

一、研究背景

（一）政策支持

现代职业教育体系的积极构建，有效推动了泰安市职业教育的发展。近年来，泰安市委、市政府一直高度重视职业教育，将职业教育作为全市实施人才强市战略的重要内容，不断加大市域统筹力度，构建了现代职业教育体系，职业教育服务经济、服务社会的能力不断增强。为推进全市现代职业教育体系建设，泰安市建立了由分管市长任召集人，市发展改革委、教育局、人力资源和社会保障局等9部门负责人参加的职业教育联席会议制度，统筹协调全市职业教育发展。该市将职业教育发展列入了全市发展规划，印发了《泰安市人民政府关于加快发展现代职业教育的意见》和《泰安市职业教育发展规划（2014—2020年）》，构建了适应经济社会发展和学生发展需求、产教深度融合、中职高职衔接、职教普教融通，体现幸福教育、终身教育理念，具有泰安特色的现代职业教育体系。

（二）学院发展需求

泰安技师学院由泰安市政府主办，主要承担了通过学制教育培养高级技工以上技能人才的任务，属职业教育高层次技能人才培养范畴，是一所集中级技工、高级技工、技师教育为一体的国家级重点技工院校，山东省“金蓝领”培训工程承办单位。泰安技师学院设有汽车工程、机械工程、商务管理、数控技术、电气工程、信息工程6个系，开设汽车制造与装配、机械装配、焊接加工、会计、数控加工、电气自动化设备安装与维修、计算机应用与维修、工程造价等20多个专业（工种）。其中，焊接加工、电气自动化设备安装与维修是山东省重点、名牌专业。

泰安技师学院坚持“以就业为导向”的办学方针，大力开展校企合作和“订单”培养模式，积极拓宽就业渠道，构建起了以市内骨干企业、市外大型名优企业为主体的高质量就业企业群，不仅能让学生实现就业，而且为毕业生选择理想职业提供了广阔空间。多年来，毕业生就业率一直保持在98%以上。

二、泰安技师学院产教融合的实践探索

（一）采取“订单班”“冠名班”培养模式

如今，在职业教育领域，“订单班”“冠名班”“学徒制培养”成为越来越常见的名词，这些都是职业院校与企业进行产教融合、校企合作、工学结合最常见的合作方式，也是大家通常说的“订单式培养”。笔者了解到，2021年泰安技师学院提供了16个春季招生专业，其中有3个专业是以“订单班”的形式招生的。

所谓“订单式”人才培养模式是指职业院校根据用人企业对人才规格的要求，校企双方签订用人协议及人才培养协议，共同制订人才培养方案。企业参与整个培养过程，双方在师资、技术设备等方面深度合作，并通过学校与企业两种教育环境，将理论教学与实践教学相结合，学生毕业后经综合考核合格，直接录用到合同单位就业的人才培养方式。

（二）“订单班”模式的运行机制

1. 合作方式

在“订单式”培养模式中，企业为订单班学生提供奖学金，配发生活及学习用品，在教室布置企业文化展示墙，定期派企业专家、技术骨干到泰安技师学院授课。通过授课，增进了学生对企业的了解，加速了学生完成作为企业员工的角色转换，提高了学生的就业稳定率，为培养企业认可的实用型高技能人才打下

了良好基础。

同时，泰安技师学院定期安排专业课教师到企业生产一线锻炼，亲身体会企业生产工艺要求，接受企业文化熏陶。通过进入企业学习锻炼，教师们普遍感到收获颇多，课堂教学与实际结合更加紧密，自身的科研水平与操作能力也得到提高。采取“订单班”“冠名班”培养模式，实现了学院、企业、学生、社会多方共赢①。

2. 具体实施过程

（1）走访调研，签订合作协议，保障有效运行

成立冠名班领导小组和工作小组，召开有关合作事宜会议，探讨研究订单培养各项工作。校企双方共同制订专业培养方案、师资交流方案、实习实训方案等，签订人才合作培养协议书，明确双方职责，并专门配备专业人员负责跟踪、联系、落实，保障合作有效运行。

（2）层层筛选，共选优秀学生，确保人才质量

每个企业都需要既善于学习、接受新知识、适合岗位需求变化，又能深刻领会企业文化、充分了解企业管理理念、安心为企业工作的员工。制订冠名班学生选拔方案，规定报名学生中考成绩必须达到的录取分数线，由企业领导和系部领导共同对学生进行面试，面试的主要内容是考查学生的思想品德和素质，最终确定冠名班学生招生名单。

（3）工学结合，改进课程设置，创新教学模式

通过削支强干、优化整合，构建“适度、够用、应用”的知识体系，实行工学交替、任务驱动教学模式，发挥分块、分批和分段的课程特色，做到适应企业需求、确保质量，达到预定人才培养的效益。

在教学培训上加强工学结合，根据能力本位标准、工作过程系统化要求，与企业合作共同设计教学任务、实训项目，以项目为载体在企业、校内实训室分别开展认识实习、综合实训、顶岗实习，由专业老师、辅导老师、企业兼职老师共同指导与考核，使学生未就业就接触到实际产品，学到许多在学校课堂上学不到

① 王占文．开展产教融合、校企合作工作的体会[J]．职业，2021（18）：25－26.

的实践知识和经验①。

3. 具体案例

2020 年 8 月 11 日，泰安技师学院与济南若寓酒店管理有限公司校企合作，特色专业建设实践基地揭牌暨校企厨艺交流座谈会及冠名班签约仪式举行。作为泰安旅游经济开发区引入的首家战略合作酒店，若寓酒店管理有限公司此次与泰安技师学院建设特色专业实践基地，将助推特色专业人才培养，助推区域文旅产业发展。若寓酒店管理有限公司通过与泰安技师学院共同设立泰安技师学院开元校区，为公司未来几年的发展储备了人才。泰安技师学院与济南若寓酒店管理有限公司的深度合作，打开了技能人才教育模式新局面。学生学到“干货”，企业解决了用人难题，学校减轻就业压力，实现三方共赢。泰安技师学院着力加大“引企入校”“入企办学”的力度，积极推行企业新型学徒制，实施产教深度融合，拓宽校企合作新路径，实现技能人才的对口培养、精准培养。

“校企合作是培养实用型人才的必然要求，是促进职业教育健康发展的有效保证，是解决学生就业和企业用人双向需求的现实需要，更是一项促进教学与生产结合、促进生产力发展的基础工程。通过校企对接，可以优势互补，培养大量实用型人才、技能型人才，推动文旅产业进一步发展壮大。”泰安技师学院院长贾军表示。

2020 年，为贯彻落实泰安市“政企直通、校企互惠、产教融合”的校企对接洽谈会会议精神，泰安交运集团与泰安技师学院成立交运“冠名班”。2021 年 10 月 28 日，学院与上汽通用五菱青岛分公司校企合作的冠名班开班。学院自 2020 年 12 月开始与上汽通用五菱青岛分公司开展校企合作以来，先后为企业输送了 5 批顶岗和工学交替的技能人才，特别是新冠肺炎疫情期间，把上汽通用五菱青岛分公司作为支援企业复工复产的第一家企业。作为回报，上汽通用五菱青岛分公司为学院捐赠了实习车辆和防疫物资，增强了学院汽车工程系硬件实力。2021 年下半年，公司在学院开设了 2 个“上汽通用五菱班”，招生 100 人，并为学院捐赠了 2 台实习车辆，给学生实习创造了更好的条件，使校企合作再上新

① 陈玲. 汽车专业企业冠名班校企合作模式研究[J]. 中国校外教育，2014 (36): 145 + 154.

台阶。

2020 年，泰安技师学院投入人力、物力，积极与泰安市内外名优企业对接，与 10 家企业达成合作，开设 16 个“订单班”“冠名班”，培训学生 639 人，占招生总数的 20%。数量之多、规模之大，在泰安技师学院属于首次，实现了校企合作的新突破。

据了解，2021 年学院将进一步扩大冠名班培养数量，现在已与市内外 20 家企业达成冠名班培养意向，预计开设冠名班 25 个。下表为学院冠名班培养意向表（表 9－3）。

表 9－3　冠名班培养意向表

专业/院系	企业	冠名班
汽车工程系	上汽通用五菱青岛分公司	上汽通用五菱冠名班 2 个
烹饪专业	山东久逸餐饮管理有限公司	烹饪专业订单班
汽车工程系	泰安交运集团	交运冠名班
烹饪专业	济南若寓酒店管理公司	若寓冠名班
机械工程系（机电一体化技术专业）	山东岱圣安装有限公司	岱圣冠名班 2 个

三、泰安技师学院产教融合的实践做法及经验总结

采取“订单班”“冠名班”培养模式进行实用型高技能人才培养已经成为职业院校的共识。不仅是因为这种模式可以最大限度地发挥校企合作的作用，更好地培养适合企业、贴近市场的实用型高技能人才，同时也可以让学生的学习目标更加明确，企业培养方向更加清晰，有效实现高校、企业和学生的三方共赢：高职院校实现了学生就业，提高了办学效益；企业培养了符合发展需要的人才，节约了人力资源成本，节约了时间，提高了经济效益；学生避免了就业压力，实现了就业[①]。

① 党素芳．高职院校“订单式”人才培养模式研究[D]．成都：四川师范大学，2014.

（一）定向培养，适销对路

“订单式”人才培养是根据企业具体人才需求，学校与用人单位签订协议，学校与企业共同参与培养人才的过程。学生在学习过程中，积极参加企业实践项目设计与制作，理论联系实践，不断积累实践经验，使课堂知识具有实践意义。

在“订单式”人才培养模式中，学校、企业和学生同心同向、目标一致，实现三方共赢，实现“零障碍适销对路”“零过渡”。通过产教深度融合思路，促进校企整合优质资源，形成紧密合作链，使实践教学模式与企业需求相匹配，落实从办到到办好的实质性转变，为经济社会转型升级提供人才支撑。

（二）资源共享，多方共赢

“订单式”人才培养模式可有效结合课堂理论知识与企业实践经验。高校教师具有丰富的教学经验、完整的理论体系；企业具备实战经验，把这些真实的经历与体验应用到教学中，可以补充理论教学的不足，学生可通过资源共享，快速获取行业前沿知识，有利于学生保持对行业信息的畅通与敏感，拓宽学生的知识面，培养高质量的毕业生。

“订单式”人才培养模式有利于实现校、企、生多方共赢。首先，企业利用“订单式”人才培养模式，借助高校的教学、师资资源，培养企业需求的人才，节约企业人力资源培训成本。其次，学校通过企业提供的硬件、软件及合作项目，弥补了自身教学场地、设施不足的弊端，为学生提供了实操实练的机会，使学生在校期间就可以获得企业所需的知识与技能。最后，学生毕业后可直接进入企业实习，在一定程度上解决了企业用人难的问题，也缓解了大学生就业困境①。

（三）深化校企合作，更新办学理念

学校办学理念得到更新，以就业为导向，以服务为宗旨的意识得到升华。职业院校开门办学的路子更宽了，更加自觉、主动地服务于当地经济建设和社会发展。成立了专业建设委员，学校与企业共同研究调整教学计划、修正教学内容、创新教学方法、提升教学质量，每年举办校企对接会。

---

① 欧阳芳．高校订单式人才教育培养模式改革思考[J]．中国成人教育，2020（18）：20－23.

案例8　深圳市产教融合、校企合作模式研究

——以比亚迪应用技术学院为例

一、发展背景

（一）政策导向

为了贯彻落实《国家职业教育改革实施方案》文件精神，教育部等九部门印发了《职业教育提质培优行动计划（2020—2023年）》，其中明确指出，要“指导优化职业院校和专业布局，重点服务现代制造业、现代服务业和现代农业。遴选建设一批产教融合型城市，推动试点城市建设开放型、共享型、智慧型实训基地”，全面推进职业教育校企合作、工学结合的人才培养模式。中共中央办公厅、国务院办公厅印发的《关于推动现代职业教育高质量发展的意见》也提出：“以城市为节点、行业为支点、企业为重点，建设一批产教融合试点城市，打造一批引领产教融合的标杆行业，培育一批行业领先的产教融合型企业。积极培育市场导向、供需匹配、服务精准、运作规范的产教融合服务组织。”随着职业教育改革的不断深入，构建产学研用立体推进，校企深度融合、协同育人的职教生态系统成了“十四五”期间职业教育跨越式发展的关键。扎实推进产教融合，创新校企合作模式，深化合作内涵，是有效提升高职建设内涵的重要抓手，也是促进高职人才培养与产业发展高度契合的重要途径。

广东省根据区域经济发展状况和职业教育发展特点出台了相应的政策和措施。2019年广东省产教融合促进会成立；2020年8月，广东省提出《产教融合建设试点实施方案》，实施方案包括推进产教协同创新，推动粤港澳大湾区产教融合，开展产教融合试点，完善产教融合发展规划等十三条措施；2020年12月，教育部会同广东省人民政府联合印发《关于推进深圳职业教育高端发展争创世界一流的实施意见》，推动深圳对接国家所向、湾区所需、深圳所能，先行先试，改革创新，率先形成职业教育高质量发展格局，勇当建设中国特色、世界一流职

业教育的开路先锋。

深圳作为中国特色社会主义先行示范区，职业教育在政府的领导下求变求新，深圳市教育局组织开展了产教融合型企业建设培育试点，首批入围的企业有51家，其中包括深圳市讯方信息技术有限公司、腾讯科技（深圳）有限公司、比亚迪股份有限公司、华数机器人有限公司等知名企业，合作院校有深圳职业技术学院、深圳市宝安职业技术学院、深圳技师学院等。

为推进深圳职业教育的高端发展，争创世界一流，深圳积极申报并成功入选产教融合型企业和产教融合试点城市①。近年来，深圳市政府积极探索“政府主导、市场导向、产教融合、开放融通”的职教发展新模式，建立起以市场需求为导向的育人体系、产业牵引的专业体系、教育支撑的科研体系，促进职业教育供给侧精准对接产业需求侧。

（二）行业发展需求

我国汽车行业正由传统汽车转向新能源汽车，国务院办公厅于2020年11月2日正式颁布了《新能源汽车产业发展规划（2021—2035年）》，提出了汽车行业未来15年的发展愿景，要求汽车向电动化、网联化、智能化方向转变，深入实施发展新能源汽车国家战略，以融合创新为重点，突破关键核心技术，优化产业发展环境，推动新能源汽车产业高质量可持续发展，加快汽车强国建设。新能源汽车产业的快速发展，依赖于相关人才的储备。企业的竞争就是人才的竞争。然而，当下新能源汽车产业从业人员数量不足，质量不高，急需职业教育培养大批高素质技术技能人才。

从企业对新能源相关岗位职责的描述可以看出，目前我国的汽车新能源技术正处于由研发向应用转型②的阶段，需求专业则主要集中在汽车发动机、汽车制造、电气工程、电气自动化等方面。反观当下职业院校开设的新能源专业，存在培养目标不切实、课程设置不合理、教材更新不到位以及专业设置单一等问题。

---

① 李庆红，李春红．深圳职业教育国际化的发展现状与路径研究[J]．特区实践与理论，2021（02）：116－121.

② 杨志红，廖向阳．新能源汽车技术专业本科层次职业教育人才培养研究[J]．内燃机与配件，2021（20）：232－233.

新能源汽车专业的职业教育发展还处在初级阶段，缺乏一套较为完善的适应市场需求的职业教育体系。因此，加快发展新能源专业的职业教育[①]迫在眉睫。

深圳是全国智能网联新能源汽车产业链最完善以及技术发展最前沿的城市，产业基础好，技术创新能力强，由此形成的产业区位优势非常明显，需要专业群对接产业的发展，校企开展深度的战略合作。比亚迪股份有限公司（以下简称“比亚迪”）是深圳本土企业，也是国内新能源汽车市场的领军者，在基础研究、设计开发、测试、生产制造等各环节水平都领先全国。因此，深圳职业技术学院与比亚迪共建产业学院不仅有助于培养企业所需的专业人才，而且还形成了新能源汽车产业人才培养的“深圳模式”，为其他职业院校建设新能源汽车专业提供了借鉴。

二、校企合作案例

（一）学校简介

深圳职业技术学院（以下简称“深职院”）于 1993 年创建，是国内最早独立举办高等职业技术教育的院校之一。该校依托珠三角产业发展，秉承深圳特区改革创新精神，创新教育教学理念、办学体制机制和人才培养模式，凸显了职业教育产教融合的办学特色。在“双高”计划中，深圳职业技术学院入选我国首批中国特色高水平高职院校和专业建设计划（A 档），是国家示范性高等职业院校、全国深化创新创业教育改革示范高校，是联合国教科文组织国际职教全球联系中心，在努力打造技术技能人才培养高地、名匠大师汇聚高地、产教融合高地、应用技术研发高地、社会服务高地、全球职业教育创新高地上发挥着重要作用，被誉为我国职业教育创新发展的第一艘“冲锋舟”，为推动职业教育高质量发展提供了“深职样板”。

---

① 唐文忠．中国高等职业教育发展的经济学研究[D]．福州：福建师范大学，2015.

（二）比亚迪应用技术学院

图9-4　深职院与比亚迪合作共建“比亚迪应用技术学院”签约暨揭牌仪式

近年来，深职院主动回应区域发展、产业变革、技术创新需求，努力求解校企深度合作、协同育人这一难题，推动每个专业群与世界500强企业或行业领军企业构建产业学院。例如，与比亚迪共建比亚迪应用技术学院、与华为共建华为ICT学院、与阿里巴巴共建阿里巴巴数字贸易学院。通过打造校企合作命运共同体、产学研用一体化，探索具有深圳特色的“双元育人”模式。

1. 总体布局

深圳职业技术学院与比亚迪于2019年1月开展合作，共建深职院比亚迪应用技术学院①。学院运行管理实行双院长负责制，由深职院汽车与交通学院院长担任产业学院行政院长，并出任校方联络人；由比亚迪股份有限公司人力资源处总经理担任业务院长，并出任企业方联络人。双院长制建立了校企之间良好沟通渠道，统筹并管理双方合作事宜。双方共投入建设团队30人，负责具体工作开

① 刘宝，潘浩. 基于新能源汽车产业的特色学院建设研究——以比亚迪应用技术学院为例[J]. 现代商贸工业，2020，41（23）：1-2.

展。该院下设课程开发与教学中心、“双师型”师资工作站、企业实训中心以及新能源汽车技术研究院，以高层次技术人才培养、技术应用研发、社会服务三者为核心开展深度合作。图 9－5 为比亚迪应用技术学院组织架构。

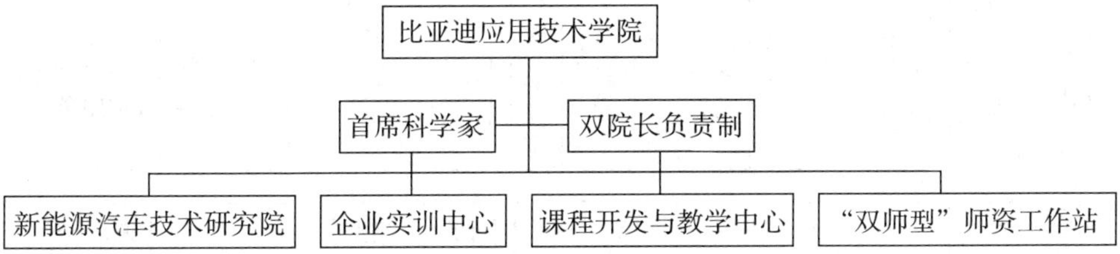

图 9－5　比亚迪应用技术学院组织架构

2. 具体事项

（1）专业群建设的依据

中国汽车工业能源层面的新能源化和控制层面的智能网联化是汽车产业最大的发展趋势，业内提出了“智能化、网联化、电动化、共享化”的产业发展目标和发展方向。新能源汽车技术专业群适应当下汽车产业“电动化、智能化、网联化”快速发展需要，是基于智能网联新能源汽车产业发展趋势的“车（新能源汽车及其关键零部件总成）、网（智能网联）、服（技术运用与服务）”产业链环节，由新能源汽车技术专业（汽车电子专业）、智能交通技术运用专业、汽车运用与维修技术专业群等 3 个专业群组成。图 9－6 为智能网联新能源汽车产业链与专业群、岗位群映射关系。

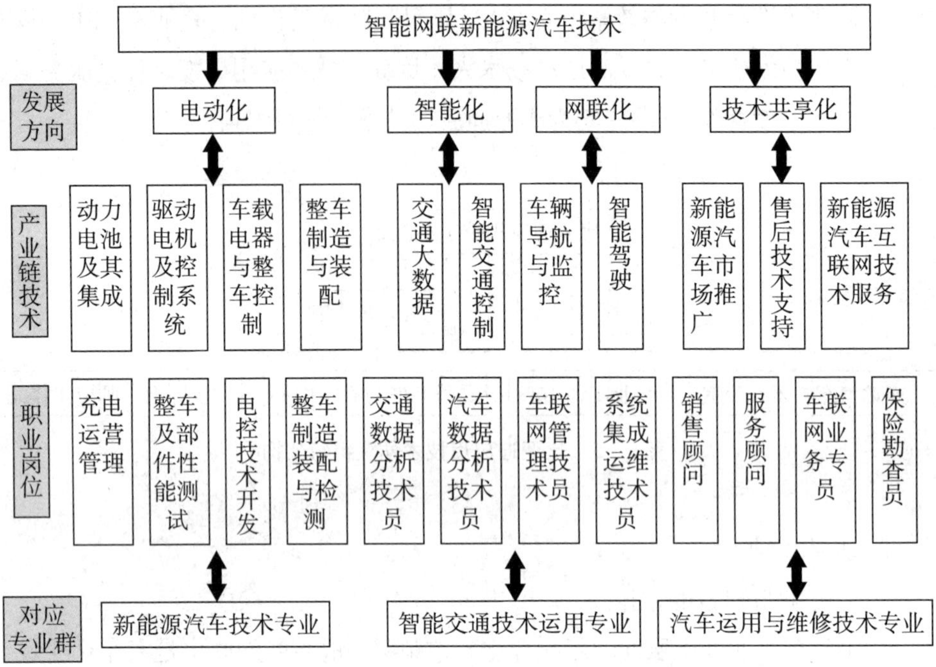

图 9-6　智能网联新能源汽车产业链与专业群、岗位群映射关系

（2）共同制定培养目标

新能源汽车技术专业群按照“专业基础相通、技术领域相近、工作岗位相关、教学资源共享”的原则确立人才培养方向，发挥专业群集聚效应和服务功能，为粤港澳大湾区智能网联新能源汽车相关产业发展提供强有力的研发、生产和技术服务工作，培养能够适应汽车新技术发展的高素质技术技能人才。

具体来说，新能源汽车技术专业群定位于智能网联新能源汽车产业链中的“车、网、服”三个环节的技术技能人才培养。其中，新能源汽车技术专业重点培养服务于新能源汽车及其关键零部件的生产、研发人才，以及相关企业的生产工艺、质量检测、技术开发、技术应用以及售后服务的技术技能人才；智能交通技术运用专业重点培养服务于汽车（含新能源汽车）智能网联产品的生产、研发及服务企业的系统集成、技术支持、监控调度的技术技能人才；汽车运用与维修技术专业重点培养服务于汽车（主要是新能源汽车）生产、销售及服务企业的技术服务、车联网技术支持、汽车检测及查勘的技术技能人才。

表 9－4　不同专业具体情况表

专业	专业基础	技术领域	人才培养定位
新能源汽车技术	汽车机械基础 汽车电动电子基础 新能源汽车构造与原理 汽车电子控制基础 车载网络技术 智能网联技术	驱动电机及控制技术 动力电池技术 充电设施技术 汽车电子控制程序开发	面向新能源汽车整车及关键零部件总成生产、研发及技术服务行业企业，从事检测员、工艺员、程序员、技术开发（助理）工程师、售后支持专员等岗位工作
智能交通技术运用		智能驾驶技术 车辆导航与监控技术 交通地理信息技术 智能交通控制技术	面向智能网联汽车与交通监控及服务型行业企业，从事相关系统的集成运维助理工程师、技术支持助理工程师等岗位工作
汽车运用与维修技术		汽车互联网技术服务与营销 汽车综合检测与诊断技术 汽车性能与评价技术 汽车服务企业管理	面向汽车（主要是新能源汽车）生产、销售及服务型行业企业，从事汽车售后服务顾问、车联网业务运营专员、培训与咨询专员、保险查勘员等岗位工作

（3）共同开发课程和教材

课程和教材是职业院校提高教育教学品质的重要手段和介质。校企协同开发课程有助于破除传统课程知识陈旧、缺少实际案例、内容定位不准确等弊端。改革传统课程的开发模式，引入企业主体，根据技术领域和职业岗位（群）的任职要求，参照相关的职业资格标准，优化课程体系和教学内容，可以建立突出职业能力培养特点的课程标准。通过企业人员的全程参与，保证了课程内容能够及时跟进职业岗位及其工作内容的变化，使课程与职业岗位需求实现及时有效的对接，编写的教材因而也更加实用。同时，还可在教材中渗透企业文化、企业精神，以提升学生的职业品德、职业素养，使学生更加了解即将就业岗位的情况，有效提升学生对企业的认可度，促使学生在毕业上岗后能与企业需求无缝对接。

比亚迪作为行业的标杆，企业内部具有完善的技术标准，通过校企资源共享，共同开发课程，将实际工作项目转化为课程教学内容，使该院的课程建设水平得到极大的提高。对标当下最新技术，动态更新教材内容，革新课程设置，双方共同制定了“新能源汽车结构与原理”“电动汽车动力电池技术”“电动汽车电子控制技术”“交通软件设计基础”等6门课程的课程标准。此外，校企还共同编写教材，包括《新能源汽车结构与原理》《电动汽车动力电池技术》《电动汽车综合性能检测与试验评价》3本教材。上述教材体现了动态的、互动的、与时俱进的课程体系。这种与时俱进的课程体系为学生提供了最新的教学内容，使职业教育时刻保持与市场的亲密接触，保证了人才培养的质量，提高了行业企业用人的满意率。

（4）共同打造师资团队

深职院与比亚迪共同组建“双师型”师资工作站，制定兼职教师标准，选拔兼职教师团队，并草拟《深圳职业技术学院与比亚迪股份有限公司师资共建合作协议》，对兼职教师团队的授课任务、考核要求以及薪酬制度制订详细的方案。校企共同确定了比亚迪陈红光等10名工程师为“现代学徒制”和“比亚迪助理工程师精英班”教学的兼职教师，并承担5门课程的教学工作。与此同时，专业群还需每年派遣2~3名老师脱产半年以上到比亚迪公司进行换岗实践，担任客座研究员或客座工程师，提升专任教师的实践教学能力。此外，双方还采取了一系列有效的协同机制，如明确专任教师全脱产下企业实习计划，明确下企业实践内容和考核标准，联合招聘高层次技术人才服务新能源汽车研究院，共建技能大师工作室，全方位打造高素质产教互融教学团队。

（5）共同设立研发中心

依托省级的新能源汽车工程技术中心以及市级的节能与新能源汽车重点实验室，联合比亚迪电池研究院、中央芯片研究院以及弗迪科技共同组建“新能源汽车技术研究院”，围绕新能源汽车动力电池及回收技术、电磁辐射以及智能网联技术开展高水平的研究工作。在此过程中，学校教师参与实际产品的研发和管理，极大地调动了专业教师自我提升的积极性。通过具体项目的开发，教师融合研发人员与教学人员双重身份，通过产品的研发、调试及管理等工作，掌握企业的生产组织方式、产品从零部件到成品的生产流程，学习在企业中研发和生产的新技能新知识。企业合作人员与教师组成联合教学团队，在遵循职业教育教学规律的基础上，以企业的具体项目作为载体，将项目涉及的流程和知识点等内容反馈到教学上，不断完善教学内容与教学方法，使得人才培养符合企业的岗位需求。

（6）共同开发高端认证证书

教育部等四部门发布《关于在院校实施“学历证书＋若干职业技能等级证书”制度试点方案》（简称1＋X证书制度），宣布1＋X证书制度试点正式在职业教育中开展，意味着职业教育步入考证新时代。该《方案》旨在以1＋X证书制度为契机①，促进校企深度融合。

2020年8月深圳市人力资源和社会保障局正式启动企业职业技能等级认定工作，比亚迪被纳入深圳市开展职业技能等级认定的企业目录。这体现了比亚迪符合国家认证标准，在本行业具有较强的技术优势和影响力，具备开发高端证书的实力。

经过校企双方长期的合作，深职院与比亚迪双方已开发电动汽车维修工中级证书，年培训考证人数500人。现拟共同开发汽车技术服务高级认证体系，共同对新能源汽车技术服务人员进行培训及技能鉴定。其中，联合开发汽车技术应用服务高级认证主要是对比亚迪汽车售后技术服务人员的培训及考证鉴定。在1＋X证书制度的指导下，以相关专业的证书标准来指导专业建设，对人才培养方案重新进行调整，可深化复合型技能人才培养，使培养出来的人才更能适应社会的需求。

（7）共同开展创新创业教育

在人才培养过程中将创新创业思维和能力培养融入专业技能培养中，培养学生的创新意识和创业能力。校企双方共同指导学生参加“互联网＋”大学生创新创业比赛，共同组建学生协同创新制作中心，设计制作飞思卡尔智能小车和电动方程式赛车，和比亚迪智慧生态研究院共同组建比亚迪创新设计平台，开展学

① 吴南中，夏海鹰．1＋X证书制度下职业院校变革逻辑与推进策略[J]．教育与职业，2020（08）：5－12.

生团队的创新设计竞赛。2020 年，组织学生参加“互联网 +”大学生创新创业比赛，荣获广东省一等奖 1 项，学生设计的赛车获全国 2020 大学生电动方程式大赛三等奖（本科院校参与），以及获全国大学生智能小车竞赛三等奖。通过“以赛代训，以赛促学”，形成了“比、学、赶、超”的浓厚氛围。

（8）共同走出去

实施企业“走出去”战略是国家对外开放的重大举措，是我国参与国际产能合作、构建国内国际双循环新发展格局的重要路径。随着“一带一路”倡议的深入推进，我国与“一带一路”沿线国家的合作提质扩面，企业“走出去”的战略迫切需要高职教育的跟进和服务。

比亚迪在东南亚、南美等地设有海外生产基地和服务中心，校企联合开发企业员工的培训课程体系，共同参与比亚迪海外新能源汽车技术服务人才的培训，可推动我国职业教育走向海外。在校企联动中，深职院与比亚迪紧密合作，配合国家“一带一路”倡议以及粤港澳大湾区建设，加快了深圳职教国际化的步伐①。

三、总结与经验

（一）总　结

比亚迪应用技术学院将以中国特色、世界一流职业院校作为总体建设目标，力争通过 5 年时间，建设形成充分体现“OBE（能力导向教育）”及“六个融合”（即产教融合、职普融合、理实融合、现代信息技术与教学融合、技术与文化融合、教育与生活融合）的技术技能人才培养模式，打造一支专业领军人才和杰出技能大师引领的拥有国际视野的高水平教师团队，创建具有国际水准的技术研发平台，并打造成为深圳及华南地区新能源汽车企业的技术服务中心和人才可持续发展培训中心，培养适应人工智能时代复合式创新要求的技术技能型人才。

比亚迪应用技术学院把握国家大力发展新能源汽车产业的重大历史契机，服务“一带一路”建设，立足“大湾区新能源智能网联汽车产业发展”，聚焦深圳

① 回俊青，谢兆岗．“一带一路”背景下深圳高等职业教育国际化发展路径研究[J]．特区经济，2020（08）：55－59.

新能源汽车技术产业群和新能源智能网联汽车核心岗位群，向“一带一路”沿线国家输出成熟的专业标准、课程标准及教学资源，使得其新能源汽车技术专业群跨区域跨国界配置职业教育资源能力与国际影响力获得广泛认可，为世界职业教育贡献出了中国模式和方案①。

（二）经　验

1. 校企合作，“内在需求”是前提，“培养质量”是核心

校企双方必须要达成共识，即校企双方的“共识”是建立在校企双方各自内在需求基础上的。校企双方把认证体系和课程教学体系融为一体，共建动态的、互动的、与时俱进的课程体系。这种与时俱进的课程体系为学生提供了最新的教学内容，使职业教育时刻保持与市场的亲密接触，校企双方共建共享课程资源，既培养了高素质的职校人才，又提升了企业员工的工作能力，实现了双赢的局面。

2. “强强合作”的协同效应是校企深入合作的保证

深职院与比亚迪新能源汽车技术是“强强合作”。双方在“强强合作”中，相互联合实现优势互补，达到优化资源配置目的，从而获取了更大的经济效益和社会效益。深职院与比亚迪相互协作共享技术资源、共创一流专业，产生了比深职院或是比亚迪单独运作更高的人才培养能力和整体效应。实践证明，深职院与比亚迪的合作是成功的：对学生而言，通过高质量就业实现了人生价值；对比亚迪而言，为企业培养了针对性强的高素质技术技能人才，缩短了学生与企业的磨合期，有效降低了人力资源成本；对学校而言，构建了全国领先的新能源汽车技术人才培养模式。深职院与比亚迪的“强强合作”为职业教育探索了一条产教优势互补、协同发展的校企合作新模式。

---

① 李国杰．产教融合型企业评价实践研究［J］．中国职业技术教育，2019（24）：15－20.

案例9 “订单班”人才培养模式助力城市轨道交通运输发展

——以四川铁道职业学院城市轨道交通车辆技术专业为例

一、合作背景

（一）政策导向

职业教育是我国国民教育体系的重要组成部分，也是人力资源开发的重要组成部分，肩负着培养多样化人才、传承技术技能、促进就业创业的重要职责，对促进职业教育供给与经济社会发展需求高度匹配，将人才培养与产业升级和技术变革紧密对接，不断促进产教融合、校企合作。各级各类职业院校应结合自身特色，探索校企合作模式，不断提升自身办学水平和学生培养质量。

中共中央、国务院印发的《关于进一步加强城市规划建设管理工作的若干意见》指出，优先发展公共交通，统筹公共汽车、轻轨、地铁等多种类型公共交通协调发展，以缓解城市交通压力。该《意见》对城市轨道交通运输发展提出了更高的要求。为配合国家城市规划建设工作，成都市提出建设“空、铁、公”三位一体的现代立体交通体系，全面提升交通运输能力和综合服务水平，计划建成布局合理、功能完善、衔接高效的西部综合交通枢纽。

（二）产业需求

为促进交通运输高质量发展，推动转型升级，需要发挥好标准的支撑作用，夯实标准、计量、认证和检验检测等质量基础，提升工程、产品和服务质量水平。

随着中国经济进入新常态，城镇人口持续增长，城市轨道交通在未来30年仍有增长需求。由于经济格局变化和公共服务水平的差异，不同城市对于城市轨道交通也会呈现差异性需求。从城市产业分布看，成都第三产业较为发达，高端服务业聚集，吸引了大量外来人口，人口总量和人口结构都发生了变化，人们对于生活水平提出了更高的要求，对于城市轨道交通也有了更高的要求。这就需要相关职业院校不断提高人才培养质量，对接城市公共交通，探索校企合作新模式，适应社会发展新趋势。

（三）学校实践

四川铁道职业学院是全国铁道职业教育教学指导委员会、全国城市轨道交通职教集团成员单位，是“成渝地区双城经济圈产教融合发展联盟”的成员单位，是中国铁路成都局集团有限公司铁路机车司机培训基地。该校结合自身优势，现开设的主干专业覆盖铁路和城市轨道交通所有核心技术，与中国铁路成都局集团有限公司相关路段、成都地铁运营有限公司和其他相关企业合作共建了35个校外实习实训基地；该校多个专业与中国铁路成都局集团有限公司、成都地铁运营有限公司和其他相关企业开设了“订单班”，采取“订单式”的人才培养模式，成果显著。

二、“订单班”实施过程

四川铁道职业学院自2016年起与成都地铁运营有限公司（以下简称“成都地铁”）联合打造“城市轨道交通车辆技术订单班”。此“订单班”招生对象为三年制的大专学生，采取自愿报名、用人单位面试的方式录取。经录取的学生按成都地铁对“订单”学生的身体要求进行体检，体检合格者进入成都地铁“订单班”，进行“订单式”培养，毕业时经校企双方考核合格的学生直接进入成都地铁相应岗位就职。实施过程如图9－7所示。

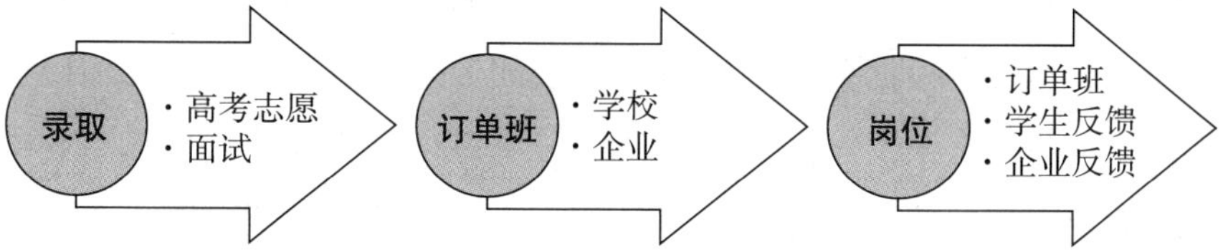

图9－7　“城市轨道交通车辆技术订单班”实施过程图

（一）录　取

城市轨道交通车辆技术专业对口的岗位为铁道司机、车辆检修。报考“订单班”的学生须是理科考生，高考成绩为350分以上。根据成都地铁岗位要求，地铁司机岗位只招收男生，且身高须达到165cm，无色盲色弱。车辆检修类岗位招收女生比例不超过10%，男生身高不低于165cm，女生身高不低于158cm，无色盲色弱，无传染性疾病。

达到面试条件的学生接受由学校老师和成都地铁相关负责人组成的面试团队的考核。面试团队主要从文化素养、举止仪表、语言表达能力、应变能力等方面考查考生。经面试合格的学生在入学前按成都地铁对“订单”学生的身体要求进行体检，体检合格者进入成都地铁“订单班”，进行“订单式”培养。

（二）“订单班”培养

城市轨道交通车辆技术专业的学制为三年，学校和成都地铁根据学生的身心发展情况与技术技能形成过程，将“订单班”的教学分为三个阶段。遵循“企业定向、专业对口、提前订单”的原则，有针对性地组织教师团队，开发课程，创新“订单班”管理模式，有效厘清学校、企业在育人过程中各自的职责。

1. 教学实施阶段

第一学年，主要由学校专业课老师给学生讲授专业基础知识，夯实学生理论基础。由成都地铁一线员工定期到校为学生介绍企业文化、部门设置以及具体工作流程。

第二学年，企业和学校针对地铁司机、车辆检修岗位所需的专业知识和专业技能，以实际工作岗位为项目开发专业核心课程，建设动车组仿真检修实训室和机械师实训室，采取学校教学、顶岗实习两种形式培养。学校和企业合作，结合岗位所需的职业素质开展相关专业技能大赛，不断提升学生的专业技能。

接下来，学校会根据成都地铁对“订单班”学生培养、考查的相关要求，组织开展中期验收工作，分别从员工基本素养调查、企业文化考查、专业核心知识考核、岗位工作标准等方面对学生进行综合考核。学校和成都地铁会根据“订单班”学生的实际学习情况和岗位动态及时调整培养方案，使学生能随时满足实际岗位对人才的要求。

第三学年，学生顶岗实习。成都地铁结合学生在校学习过程，为学生量身打造“公司文化、安全管理、机构运行、岗位标准、理论知识、岗位技能”等培训内容。学生顶岗实习期间实行三级培训制度，分别为公司级、中心级和车间级，实习内容分为理论培训和技能培训两个部分，如图 9－8 所示。

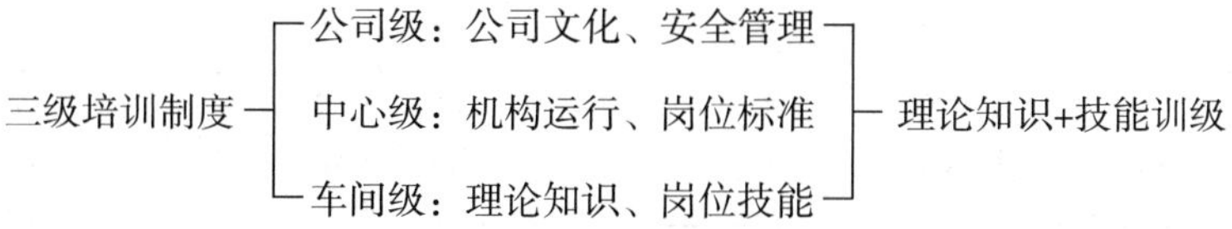

图 9－8　顶岗实习期间三级培训制度

在车间级培训时，成都地铁会为到不同岗位实习的学生分配顶岗导师，顶岗导师由岗位经验丰富的一线工作人员担任。在实际工作过程中，初期由顶岗导师操作，学生在一旁学习、充当助手。后期各导师会根据学生的实际情况，为学生分配实践任务，导师在旁协助、指导。顶岗导师还会为学生讲解岗位的具体操作流程以及工作细节，对学生进行职业道德教育和职业生涯指导。

在实习结束后，企业和学校联合开展对“订单班”的验收工作，共同编制人才考核标准，由学校专业课教师和成都地铁相关岗位一线工作人员组成考核团队，对学生的实际学习情况进行验收。考核合格者可到成都地铁就业，成都地铁根据学生的考核成绩将学生分配到相应的工作岗位。

2. 订单式培养中校企双方的职责

“订单班”培养方式是四川铁道职业学院结合自身地理优势和办学特色，积极寻求与成都地铁校企合作的成果。在“订单班”的培养中，学生对于相关岗位的适应性更强，同时学院自身办学水平和办学质量也逐渐提升；企业通过与学校合作，能保证所需人才的数量和质量，并能将企业发展的新要求及时反馈到人才培养上。所以在“订单班”的培养过程中，为保障双方利益和学生的发展，校方和企业方都需要承担一定责任并明确各自在人才培养中的职责。表 9－5 是“订单班”校企合作双方的职责。

表9-5 “订单班”校企合作双方的职责

合作层面	学校职责	企业职责
课程开发	利用学校已有课程资源，围绕“地铁司机、车辆检修”为主题，重点开发以专业理论知识、科学方法为主的课程，为技能课程的学习打好坚实基础	根据企业发展规划和业务发展需求，整合成都地铁内、外部资源，重点开发以实际操作、技能培训为主的课程，重在提高学生的业务操作能力
教学管理	确定教学管理制度和标准，建立教学质量督查考核机制，对学生校内外学习与工作情况进行全面检查、监督与考评	确定培训、考核等环节的管理制度与标准，明确学生在企学习的岗位、工作任务等，对学生在岗实习进行严格考核，出具相关证明
验收考核	制定理论教学考核标准，对学生课前准备、考勤、日常任务完成情况、学习效果、期末考试等内容进行量化考评	制定实践教学考核标准，对学生职业素养、职业技能掌握情况、工作能力与职业道德等内容进行综合考评
项目资金	教学实操所需器材、专业设备、培训项目开发、教材开发、购买教学资料和用品等资金投入	课程培训教务费用、教学设备、学生实习补贴等资金投入
竞赛及实践	打造专业学生团队，组织学生参加各类专业技能比赛及活动；与企业合作孵化创新项目	为竞赛和实践活动的开展提供人力、财务以及基本物资保障，为校方教学、竞赛、开发创新项目提供技术支持

3. “订单班”的考核机制与标准

“订单班”学生的培养质量未来直接关系到企业的经济效益，所以需建立一套完善的考核机制和考核标准，才能为校企合作保驾护航，才能达到订单式培养的目标。

(1) 考核机制

在“订单班”运作过程中，主要采用“三制六项”的考核机制。其中，“三制”是指“评价工具、评价内容、评价主体”，“六项”是指具体评价内容，如

“评价工具”分为“定量考核、定性考核”两项；“评价内容”分为“知识、能力”两项；“评价主体”分为“学校、企业”两项。这一考核机制从三个维度对“订单班”学生的学习成果进行评价，有效保障了人才培养质量。具体考核机制如表9-6所示。

表9-6　“三制六项”具体内容

评价工具		评价内容		评价主体	
定量考核	定性考核	知识	能力	学校	企业
用统计方法量化分析考查学生知识和能力，设定标准分数段，结果具有客观性、可操作性、可比性	通过对学生现场表现和现场操作进行评价，注重学生的综合素质和发展潜能的评价，具有主观性、随意性	专业理论知识、企业文化、职业道德	岗位操作技能、动手能力、现场应变能力、沟通能力	教师根据学生专业理论知识成绩、顶岗表现、出勤守纪、思想动态等做出评价	企业人员根据学生实际表现的岗位技能、动手能力、业务水平、技术钻研、工作态度、团队合作等做出评价

企业通过“提前订单，以实际岗位为导向”培养学生，存在一定的用人风险。在评价时，“订单班”采用“末位淘汰制”，通过建立过程性评价机制引入竞争意识，定期对学生在校、在企的具体表现、岗位技能水平进行考核，不达标的学生予以劝退；非订单班的学生可经学校推荐、企业考核补位。

（2）考核标准

学校根据行业标准和培养目标，企业根据实际岗位所需职业素养，共同制定考核标准。城市轨道交通车辆技术专业对接的岗位为地铁司机、车辆检修人员，两岗位所需能力结构如下：

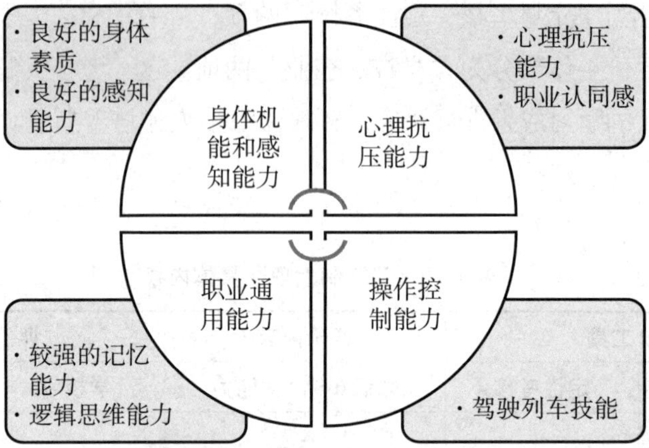

图9-9 地铁司机所需能力结构图

注：

1. 身体机能和感知能力：夜视能力、在不同距离分辨颜色能力、注意力分配能力、身体控制能力、良好的速度感知能力等。

2. 心理抗压能力：缓解焦虑的能力、职业认同程度。

3. 职业通用能力：快速记忆仪器、规章制度的能力、根据规则对事件排序的能力。

4. 操作控制能力：车辆交接、突发事件处理等能力。

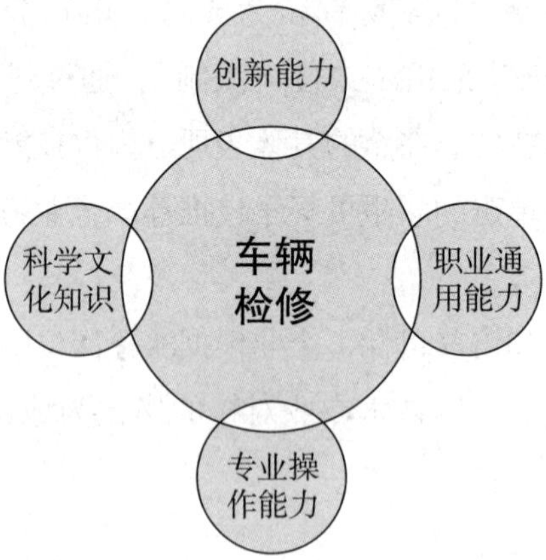

图9-10 车辆检修所需能力结构图

注：

1. 科学文化知识：车辆动力学、列车运行计算车辆受力分析等。

2. 创新能力：对国内外城市轨道交通车辆的设计制造新工艺、新技术的了解。

3. 职业通用能力：临场反应能力、逻辑推理能力等。

4. 专业操作能力：城市轨道交通车辆的装配、调试、维护和检修、质量检验等。

（三）人才到岗

经检验考核合格的学生进入成都地铁相应岗位工作。学校和企业相关负责人开展验收工作，对“订单班”学生的培养质量以及学生实际到岗表现对接交流，“订单班”学生反馈学习心得。

在“订单班”学生到岗后，建立跟踪监测系统。通过毕业生在企业中的表现和企业用工的体验，不断完善订单式人才培养方案，提高“订单班”学生质量，与企业建立良性的互动关系，不断深化校企合作。

三、总结与经验

就四川铁道职业学院公布的数据看，2018 届城市轨道交通车辆技术专业订单式培养计划总人数为 260 人，在 2021 年未就业学生仅 18 名，就业率达到93%。

表 9－7　成都地铁订单式培养计划表

序号	岗位	人数	对应专业
1	司机	200	城市轨道交通车辆技术
2	车辆检修	60	
3	供电检修	55	铁道供电技术
4	信号检修	60	铁道信号自动控制

成都地铁在“订单班”验收工作会上也表示，订单式培养的学生综合素质更高、专业技能更强，更切合实际岗位需求。在校企合作过程中，企业和学校双方达到有效沟通，学校能及时了解行业动态，反馈到教育教学中，将大大降低人才培养的滞后性。在“订单班”学生到岗后，通过跟踪、检测，了解学生在实际岗位上的表现，及时完善订单式人才培养方案，提高学校“售后服务”质量，

实现良性循环。“订单班”毕业学生在毕业后能就职专业对口工作，就业率达到93%，学有所用，职业认同感较高。

在“订单班”人才的培养过程中，可将四川铁道职业学院校企合作的经验总结为以下几点：

（一）结合自身办学特色

四川铁道职业学院是由四川管理职业学院和内江铁路机械学校整合而成，后者是原铁道部直属重点中专。学院因其独特的办学背景和办学资源，与中国铁路成都局集团有限公司、成都地铁运营集团合作开设了“城市轨道交通车辆技术专业订单班”，实现了校企合作共赢的局面。该校遵循“办专、办精、办出特色”的发展战略，积极推行产教融合、校企合作、工学交替的教育教学改革，不断提升办学活力，为铁道运输、城市轨道和区域经济建设培养了大批高素质技术技能型人才，广受社会好评。

（二）创新人才培养模式

在“城市轨道交通车辆技术专业订单班”的培养过程中，通过和成都地铁运营有限公司合作，以“先下单、专门培养、对接岗位”的方式培养学生，打破了传统职业技术教育中学校与企业合作不紧密的局面，既满足了企业用工需求，又提高了学生培养质量，使职业教育能更好地服务社会。

（三）以“订单班”的对口岗位为导向开发课程

在“订单班”的人才培养模式中，学校和企业共同开发以“订单班”对口岗位为导向的针对性课程。通过前期岗位调研（主要从从业资格、职业资格证书等方面）确定课程目标。学校利用已有的课程资源，围绕“地铁司机、车辆检修人员”为重点，开发以专业理论知识为主的课程；企业根据业务发展需求，以具体职业活动为重点，开发专业技能培训课程。最后，双方将课程评价与职业技术标准对接，有效衔接专业课程设计与实际岗位职业能力，实现了教育效能的最大化。

四川铁道职业学院在校企合作的基础上积极探索人才培养新模式，与企业携手，开设“订单班”，不断推动职业教育高质量发展。

相关院校在借鉴“订单班”人才培养模式时，需注意以下几方面：

1. 结合自身办学特色，寻求与优秀企业的合作

学校在谋求与企业的合作时，要结合自身所设专业的特点优选合作企业，畅通订单到就业的通道。要在分析自身办学优势的基础上，通过市场调研，寻找符合本校特点的相关企业，充分利用相关企业的资源提高人才培养质量。

2. 校企双方应明确各自在人才培养中的职责

在与企业合作时，学校要有主导意识，既要调动企业参与办学的积极性，又要明确学校自身责任，不过分依赖企业。学校要通过与企业的合作办学，共同开发课程，构建具有企业背景的“双师型”教师队伍，完善人才培养配套措施。校方应与企业联手搭建更具特色的产教融合平台，开展多样化实践活动，促进学生理论与实践融合，以“岗位标准”促教改，真正实现“提前订单、人才到岗”。在校企合作过程中，学校需将企业发展最新动态及时反馈到培养计划中，紧跟一线生产的步伐，将专业培养目标对接企业用人标准。校方要充分发挥自身主观能动性，借助企业提供的人力、物力、财力支持企业技术创新，在教学中融入创新创业教育，提升专业生命力。

企业也需承担起育人职责，将行业动态与用人标准及时反馈给校方，以便及时调整人才培养计划。在校企合作过程中，企业需全程参与“订单班”的培养，为人才培养提供力所能及的人力、物力、财力支持。

校企双方合作需遵循“平等、互利、共赢”的原则，立足于学生发展，承担各自在人才培养中的职责，这样才不会出现“一方热、一方冷”的不平衡局面。

3. 根据岗位特征丰富校企合作类型

不同岗位的职业要求不同，人才培养计划也应灵活进行调整。在进行“订单班”培养时，应考虑专业的独特性以及用人方对人才的具体要求，丰富“订单班”培养内容。以下是几种常见的“订单班”类型：

（1）定向订单班。校企合作从招生开始，全程共育。根据职业标准和人才培养方案，学校和企业共同参与招生，学生单独成班，采取专业化小班教学，以实际岗位为导向。四川铁道职业学院所开设的“城市轨道交通车辆技术专业订单班”就是这种类型。

（2）专业化发展班。学生前期共同学习，在二年级时采取“学校推荐、企

业考核”的方式分流，根据学生的实际水平和能力特长将学生分配到不同的班级。第三年进行分层教学，以实际岗位为导向，向专业化方向发展。

（3）企业冠名班。学生一年级在校学习，二年级到企业现场学习，参与实际生产活动。经企业考核合格后，到第三年开始顶岗实习，由一线工作人员“一对一、一对多”地跟岗指导。

（4）员工定制班。这是一种针对在职员工在职培训、继续教育的校企合作模式。当行业出现新动态、对员工提出新要求时，企业委托学校开展在职员工的培训与继续教育。

（四）完善人才培养配套措施

合理的配套设施能为“订单班”的培养成功保驾护航。学校和企业应携手搭建专门的“订单班”管理机制，有效衔接“订单班”各个环节的管理。

校企合作过程中，双方都要极力促成“双师型”队伍建设，提高教师队伍质量，这样才能从根本上提高人才培养质量，实现校企共赢。“双师型”队伍建设也能促使学校教师与一线在职人员畅通沟通渠道，不断更新教学知识、教学理念，使行业动向能实时反馈到教学中。

在“订单班”培养过程中，学校和企业应共同参与培养方案的编制，根据双方一致确定的培养目标开发课程、编写教材，还要根据培养学生的实际需要，开设各类竞赛活动，不断提高学生的实操技能。